The Great American Wordsearch Book

The Great American Wordsearch Book

Lynn Burns

SIRIUS

This edition published in 2023 by Sirius Publishing, a division of
Arcturus Publishing Limited,
26/27 Bickels Yard, 151–153 Bermondsey Street,
London SE1 3HA

ISBN: 978-1-3988-2765-3
AD011100US

Printed in China

Welcome to America

Welcome to a small taste of America through *The Great American Wordsearch Book.* I hope you enjoy this journey through American life: its people and places; its magnificent landscapes; its music, art, and literature; as well as the strange, the unusual, and the unique quirkiness that is life in America today.

Along with the traditions and contributions of Native American peoples, the America we know is a wonderful amalgamation of cultures from across the world. This nation has been settled by nearly every culture and people from all over the planet. When emigrating to this country, these intrepid settlers brought with them their country's customs, traditions, foods, languages, music, art, and literature. Today's America has a rich heritage and national consciousness that is born of both those who were already here and all the diverse people who have settled upon her shores. We are a people today, richer because of the rest of the world and its contribution to our nation.

In this country we enjoy mountain ranges, hills, and valleys. There are deserts, lush pine forests, and windswept peaks devoid of life. The California redwoods and the Alaskan glaciers stand as silent sentinels reminding us that before there was anything else, there was the land. We are bordered by two vast oceans and are crisscrossed by rushing rivers, gentle streams, and endless lakes. In America today there are cities that look like they're French, Chinese, Italian, Moroccan, German, or Spanish. We enjoy the diversity of our larger cities, small towns, and rural areas.

It is impossible to imagine my table without tacos and enchiladas; Vietnamese noodle bowls; Indian butter chicken; veal piccata with linguine; shawarmas and tzatziki; Napoleons and Sachertortes; beignets and baguettes; or any of the other fabulous foods that have been brought to these shores by immigrants.

Over the years of migration and assimilation, the beauty of America is that all of these different cultures have melded and blended together to create a new culture and a new people who reap the benefit of all these fabulous worldly influences. We are Americans and this America of ours is the product of a giant global gift from the rest of the world to us. Enjoy the journey.

American as Apple Pie

```
E J Q Y B M E S E Y E K C U B
M S C G T A M T M W E A T M H
I O N M K E R A R O D B T O C
L I R I F L E S Z L I U E D A
Y U R L C R I W L L V Y E B E
E K O C C K P M S E I V A E P
K A O E W I E P R Y N C O N E
T R C N H K C R D E I N N A D
N I D C W F A H D M T C U Q A
M I L I T F N V A O Y T Q F N
P O T E O U E N R Q O J U S O
L H X S J L A A U K Z D M B M
R A T H P N Y M D R A E L O E
S E N P A M C N F U D G E E L
R V A B Y Y T T E B Y N I S S
```

◊ APPLE BROWN BETTY

◊ APPLE PIE

◊ BANANA PUDDING

◊ BANANAS FOSTER

◊ BUTTERMILK PIE

◊ CHOCOLATE CHIP

◊ COOKIE DOUGH DIP

◊ DIVINITY

◊ FUDGE

◊ FUNNEL CAKES

◊ ICE CREAM CAKE

◊ KETTLE CORN

◊ KEY LIME PIE

◊ LEMON BARS

◊ LEMONADE PIE

◊ OHIO BUCKEYES

◊ PEACH COBBLER

◊ PECAN PIE

◊ ROOT BEER FLOAT

◊ SNICKERDOODLES

◊ SNOW CONE

◊ SWEET POTATO PIE

◊ TEXAS SHEET CAKE

◊ YELLOW LAYER CAKE

We're an American Band

```
F S N S C Z R C Z G L G D O O
J R E E E Y W V A N S R R G D
O E L V T N J S D R Y B M A W
U T A W B A O W Z N L O E C V
R H H A O M V M Y F T D C I E
N G N C N L A K A L C Q D H L
E I A I J L S Q E R T W H C C
Y F V L O A S Y O B H C A E B
F Q Q L V L C P A E H C L N S
A W K A I R E E C W Y Z R O E
M B F T U N H I V D H Z O T L
I D R E P O O C W N N T S S G
L F R M B L O N D I E O E O A
Y N I R V A N A T D H P S B E
Q S S I K C K N D O O R S M I
```

◊ ALICE COOPER

◊ ALLMAN BROTHERS

◊ BEACH BOYS

◊ BLONDIE

◊ BON JOVI

◊ BOSTON

◊ CHEAP TRICK

◊ CHICAGO

◊ DOORS

◊ EAGLES

◊ FOO FIGHTERS

◊ GRATEFUL DEAD

◊ GUNS N' ROSES

◊ JOURNEY

◊ KISS

◊ LYNYRD SKYNYRD

◊ METALLICA

◊ MOTLEY CRUE

◊ NIRVANA

◊ RAMONES

◊ SLY AND THE FAMILY STONE

◊ THE BYRDS

◊ VAN HALEN

◊ ZZ TOP

Touchdown

3

```
G B T L O C K F G S J E T O S
S T N I A S O S L E Y Y R S G
L S N E V A R M T L S S T N N
S E A H A W K S M G O Q R O I
D S L A G N E B S A C I A C K
B R K J J A T S L E N O I L I
I E U E A T A C A W O D D A V
L L K E Y G O S N I R F E F W
L E I M P W U N I S B P R R Z
S E Z O B S T A D V T K S V S
R T T O N P I X R V P N L R A
A S Y R Y S T E A S L S A I K
M S F D U Y A T C J W E D I F
S S R E H T N A P Y B W F N G
K R A C B J S D O L P H I N S
```

◊ ARIZONA CARDINALS

◊ ATLANTA FALCONS

◊ BALTIMORE RAVENS

◊ BUFFALO BILLS

◊ CAROLINA PANTHERS

◊ CHICAGO BEARS

◊ CINCINNATI BENGALS

◊ DALLAS COWBOYS

◊ DENVER BRONCOS

◊ DETROIT LIONS

◊ HOUSTON TEXANS

◊ JACKSONVILLE JAGUARS

◊ LAS VEGAS RAIDERS

◊ LOS ANGELES RAMS

◊ MIAMI DOLPHINS

◊ MINNESOTA VIKINGS

◊ NEW ORLEANS SAINTS

◊ NEW YORK GIANTS

◊ NEW YORK JETS

◊ PHILADELPHIA EAGLES

◊ PITTSBURGH STEELERS

◊ SAN ANTONIO COMMANDERS

◊ SEATTLE SEAHAWKS

◊ TENNESSEE TITANS

Scenic Wonders

```
M L S E D A L G R E V E N H T
E R O M H S U R G C B L A C K
M L N V U E R R L Y D R I F T
L A D H T A E D A R O A A S S
D W M U Q A T H C B O R S C V
A I O M T F A A I V W C Y B K
B S N M O Q R W E Z D H N B I
S C U H O T C A R N E E D L E
L O M F O U H I M Q R S S U D
R N E W L O N I B H V L Z E N
A S N V L A V T S W T L W R A
C I T R J H M E A J L A B I R
D N E B G I B I R I A F D D G
Y O S E M I T E N A N H Z G H
J N E E O D J F U G I S K E C
```

- ◊ ARCHES PARK
- ◊ BIG BEND
- ◊ BLACK HILLS
- ◊ BLUE RIDGE
- ◊ BRYCE CANYON
- ◊ CARLSBAD CAVERNS
- ◊ CRATER LAKE
- ◊ DEATH VALLEY

- ◊ EVERGLADES
- ◊ FLAMING GORGE
- ◊ GLACIER BAY
- ◊ GRAND CANYON
- ◊ GREAT LAKES
- ◊ HAWAII VOLCANOES
- ◊ HOOVER DAM
- ◊ MAMMOTH CAVE

- ◊ MONUMENT VALLEY
- ◊ MOUNT RUSHMORE
- ◊ NIAGARA FALLS
- ◊ REDWOOD FOREST
- ◊ SEATTLE NEEDLE
- ◊ SMOKY MOUNTAINS
- ◊ WISCONSIN DELLS
- ◊ YOSEMITE

Symbols of America

```
E R O M H S U R O S E G B C J
G L N L L A B T O O F R G K Y
K V G F H A M B U R G E R T T
E L I A I I G F K F T A E M R
G L Q O E R P N K S B T W Y E
O A P C L Q U G E T T S P O B
D B Y P H O A G U O R E A A I
T E W M A T L U T O V A M K L
O S B A E U N S A B N L S T N
H A Z W Q C O H T O D O U R O
W B A F L M M C S R L G Q E S
F Y S E A N O T Q D I V F E I
F L S L A Q E L D D A P G H B
Y A A L O T I P A C S U E O Y
M R T G S T J Q Y E K O M S C
```

◊ ALAMO

◊ APPLE PIE

◊ BALD EAGLE

◊ BASEBALL CAP

◊ BISON

◊ BOOTS

◊ FLAG

◊ FOOTBALL

◊ GATEWAY ARCH

◊ GREAT SEAL

◊ HAMBURGER

◊ HOT DOG

◊ LIBERTY BELL

◊ MOUNT RUSHMORE

◊ OAK TREE

◊ PADDLE WHEELER

◊ ROSE

◊ SMOKEY THE BEAR

◊ STARS AND STRIPES

◊ STATUE OF LIBERTY

◊ STETSON

◊ UNCLE SAM

◊ US CAPITOL

◊ US MAP

Television Talk

```
I T V K P T H G I N D I M J P
T H I R T Y O S L Z I B O E J
M G Q H W L S E M I T D O O G
W I Z W D G R I F F I T H P G
L N E E N E T G N I V I L A B
U O N F D H S W S R J E P R D
E T G N U N A V I L L U S D A
J L O Z D G G P W Y G F L Y L
O W P M D V I U P A L B O I L
V R V U S Y A T N Y L I J U A
B Y D D O V D N I S D K M D S
R Q R E G C B L D V M A I A W
L A L J R W Z O R Y E O Y N F
C S R E E H C A I O K O K S G
S N O S R E F F E J W E H E T
```

◇ ALL IN THE FAMILY

◇ CHEERS

◇ DALLAS

◇ GOOD TIMES

◇ GUNSMOKE

◇ HAPPY DAYS

◇ HOUSE OF CARDS

◇ IN LIVING COLOR

◇ JEOPARDY

◇ JULIA

◇ LAW AND ORDER

◇ MIDNIGHT SPECIAL

◇ THE ANDY GRIFFITH SHOW

◇ THE DICK VAN DYKE SHOW

◇ THE ED SULLIVAN SHOW

◇ THE FUGITIVE

◇ THE GOLDEN GIRLS

◇ THE JEFFERSONS

◇ THE ODD COUPLE

◇ THE REAL WORLD

◇ THE TONIGHT SHOW

◇ THE WALKING DEAD

◇ THE WONDER YEARS

◇ THIRTY SOMETHING

And The Oscar Goes To – Part One

```
N I H D N A G D H K F W I N D
O V P W A L L A B O U T E V E
I R E B A S C A V Q T S L G M
T U A P A R T M E N T E C R I
A H D M E V Y G U Y B S L E D
T N D E C D L P T S T F S H N
I E E U E I I R A O I Q U T I
M B L R H R A S I B D C K A G
I R E M E M H R T B R R I F H
F I E I A V A U J S P M N D T
K G A D N H I Z N E E Q G O R
I G N D C N F L O T M W S G O
U I N O T T A P O N E W M Y C
M Y F A I R L A D Y E R E D K
J O A C C E B E R S T I N G Y
```

◊ *ALL ABOUT EVE*

◊ *ALL THE KING'S MEN*

◊ *ANNIE HALL*

◊ *BEN-HUR*

◊ *CHARIOTS OF FIRE*

◊ *GANDHI*

◊ *GONE WITH THE WIND*

◊ *GRAND HOTEL*

◊ *HAMLET*

◊ *IMITATION OF LIFE*

◊ *MARTY*

◊ *MIDNIGHT COWBOY*

◊ *MY FAIR LADY*

◊ *OLIVER*

◊ *ORDINARY PEOPLE*

◊ *PATTON*

◊ *REBECCA*

◊ *ROCKY*

◊ *THE APARTMENT*

◊ *THE DEER HUNTER*

◊ *THE GODFATHER*

◊ *THE SOUND OF MUSIC*

◊ *THE STING*

◊ *WEST SIDE STORY*

Heroes and Heroines

```
H F T U L E A I L A C S K J I
O W E N S T Y R H E H C N U B
V T L J Q U U O P A T T O N C
E R E V E R N B K E L T V T T
I L A W Q O K I M B Q E O U T
R M O N C G H N J A C K S O N
T T I L T R O S S J N C E Z Y
S H A L K H Q O U V E O U I A
E Y R L L M O N N A F R K V E
N W A E O E Y N R E Q C M E S
O I N B L H R H Y V O Z U K B
O L K R W L A G Q H T U R T Y
B L I A G R U S M A D A P R Y
I I N T T R D F G B P F H L O
D S W U N P B L F F F J Y T U
```

◊ SAM ADAMS

◊ SUSAN B. ANTHONY

◊ DANIEL BOONE

◊ RALPH BUNCHE

◊ HENRY CLAY

◊ DAVY CROCKETT

◊ AMELIA EARHART

◊ MARGARET FULLER

◊ ANDREW JACKSON

◊ DORIS MILLER

◊ AUDIE MURPHY

◊ JESSE OWENS

◊ ROSA PARKS

◊ GEORGE PATTON

◊ JEANNETTE RANKIN

◊ PAUL REVERE

◊ JACKIE ROBINSON

◊ BETSY ROSS

◊ ANTONIN SCALIA

◊ HARRIET B. STOWE

◊ IDA TARBELL

◊ SOJOURNER TRUTH

◊ HARRIET TUBMAN

◊ FRANK WILLIS

First Ladies

```
V R M A D I S O N S K L L W T
J E R H S N M Y E L N I K C M
R L G B R M K W Y N A G A E R
E Y T R U M A N R G H Y M G M
T T N J A O W D H H J U A D O
R K J E G N Z I A D N M B I N
A C T W D I T R L I D M O L L
C K L T F I D J X S R Y E O O
P H E I K I B O J C O Z E O C
U B V C N P N D T A F N Z C N
Q M E G C T P I E R C E C D I
H O S D E M O B M H H K V K L
C L O H U R N J O H N S O N
K G O E I S E N H O W E R O L
L V R O H D K E N N E D Y L N
```

◊ ABIGAIL ADAMS

◊ JILL BIDEN

◊ BARBARA BUSH

◊ ROSALYNN CARTER

◊ HILLARY CLINTON

◊ GRACE COOLIDGE

◊ MAMIE EISENHOWER

◊ BETTY FORD

◊ NELLIE GRANT

◊ FLORENCE HARDING

◊ RACHEL JACKSON

◊ LADY BIRD JOHNSON

◊ JACKIE KENNEDY

◊ MARY TODD LINCOLN

◊ DOLLEY MADISON

◊ IDA MCKINLEY

◊ PAT NIXON

◊ MICHELLE OBAMA

◊ JANE PIERCE

◊ NANCY REAGAN

◊ ALICE ROOSEVELT

◊ BESS TRUMAN

◊ LETITIA TYLER

◊ EDITH WILSON

State Nicknames

```
H E R O M H S U R T N U O M P
P H E J Z H N A T U R A L L W
O E N A E C O E Y B S G G R B
L Y A L E F R O D A W P B A O
D H T C K E E Q S R B E D T W
D K A L H M F Y V I A G R S S
O V L F W P I Q K V E G D H Q
M K O O I I R M E R Q R D T J
I G H L T R S R E T I N A R G
N S A N U E T H O I Y J U O F
I G R E E N M O U N T A I N I
O L Y K P D T R E A S U R E M
N W Q K H V L E E H R A T G O
K E N I L D L O E F R E S E C
Y F O O N E E R G R E V E M P
```

◊ ALOHA

◊ BADGER

◊ BAY

◊ BEAVER

◊ EMPIRE

◊ EVERGREEN

◊ FIRST

◊ GARDEN

◊ GEM

◊ GOLDEN

◊ GRANITE

◊ GREEN MOUNTAIN

◊ HOOSIER

◊ MOUNT RUSHMORE

◊ NATURAL

◊ NORTH STAR

◊ OCEAN

◊ OLD DOMINION

◊ OLD LINE

◊ PEACH

◊ SHOW-ME

◊ TAR HEEL

◊ TREASURE

◊ VOLUNTEER

11

Capital Idea

```
E L L I V H S A N G R S Q P S
L F P D Y A Q D N J A L R K O
U R N A N R I V Y N P E Y G E
A A T K S O L P T N I T S U A
P N J E U Z M A M L G N O S E
T K S P B L F H E Y O D P G G
N F I O M E U P C S L R U A Q
I O L T U W T L K I I O C M I
A R O T L N W C O N R J O O J
S T P T O S A Z G N O Q N H U
C U A M C J Q F O I O Z C A N
Q K N N O S I D A M B H O L E
E N N E Y E H C G K C O R K A
Y N A B L A U G U S T A D O U
Q H M D S A L T L A K E P F Z
```

◊ ALBANY

◊ ANNAPOLIS

◊ AUGUSTA

◊ AUSTIN

◊ BATON ROUGE

◊ CHEYENNE

◊ COLUMBUS

◊ CONCORD

◊ FRANKFORT

◊ HONOLULU

◊ JACKSON

◊ JUNEAU

◊ LITTLE ROCK

◊ MADISON

◊ MONTPELIER

◊ NASHVILLE

◊ OKLAHOMA CITY

◊ OLYMPIA

◊ RICHMOND

◊ SAINT PAUL

◊ SALT LAKE CITY

◊ SANTA FE

◊ SPRINGFIELD

◊ TOPEKA

12

Great Novels

```
D G U E D E V O L E B Z T N E
H O H V G F E F M E L C N U B
N D R I B G N I K C O M Z M R
S N D F W Z R O T R L A A N E
R G I G W T O M B E I H J Z A
O R V F H E Y B L H T F B K K
D A O T A E R G C C T J M C F
A P U L J A N Y W T L W J I A
S E M W O U G R P A E G P D S
S S W O J C R R A C W J N Y T
A B U B L O O D I T E U P B L
B L S C A R L E T S O E R O F
M L N D Z B Z O T S E I R M Y
A B S A L O M P S L S S D C Y
N E I F E L B I S I V N I C V
```

- ◊ ABSALOM, ABSALOM!
- ◊ BELOVED
- ◊ BLOOD MERIDIAN
- ◊ BREAKFAST AT TIFFANY'S
- ◊ INFINITE JEST
- ◊ INVISIBLE MAN
- ◊ LITTLE WOMEN
- ◊ MOBY-DICK
- ◊ ON THE ROAD
- ◊ SLAUGHTERHOUSE FIVE
- ◊ THE ADVENTURES OF HUCKLEBERRY FINN
- ◊ THE AMBASSADORS
- ◊ THE BIG SLEEP
- ◊ THE CATCHER IN THE RYE
- ◊ THE COLOR PURPLE
- ◊ THE GRAPES OF WRATH
- ◊ THE GREAT GATSBY
- ◊ THE HOUSE OF MIRTH
- ◊ THE JUNGLE
- ◊ THE SCARLET LETTER
- ◊ THE SOUND AND THE FURY
- ◊ THE SUN ALSO RISES
- ◊ TO KILL A MOCKINGBIRD
- ◊ UNCLE TOM'S CABIN

Chi-Town

```
N A V Y P I E R Z R E T A W L
B H J G C D O H M K N N H L W
F G O Y L O M M O A A A H R L
T S A E K Z Q G G M K R I Q N
E V I E F P B I L E N G A P Q
T F R O J O H P A A L I Z A P
U Y S E N C U J Z E P I M O A
T C M E I I W N Y V Y L M A O
I H U M C D L A T S Y R C E X
T I I Z C O L L C A Y S C Y C
S C R J L M N O I G I R Q H V
N A A F O H Y D S L O N C R F
I G U Y U D M V L W T R L Q N
K O Q W D M U I N N E L L I M
B E A R S F W H I T E S O X S
```

◊ ART INSTITUTE

◊ BEARS FOOTBALL

◊ BUCKINGHAM FOUNTAIN

◊ CHICAGO THEATER

◊ CLOUD GATE

◊ CROWN FOUNTAIN

◊ CRYSTAL GARDENS

◊ FIELD MUSEUM

◊ GRANT PARK

◊ ILLINOIS

◊ LAKE MICHIGAN

◊ LINCOLN PARK ZOO

◊ MAGNIFICENT MILE

◊ MILLENNIUM PARK

◊ NAVY PIER

◊ OMNIMAX THEATER

◊ ROOKERY BUILDING

◊ SECOND CITY

◊ SHEDD AQUARIUM

◊ SOLDIER FIELD

◊ WATER TOWER

◊ WHITE SOX

◊ WILLIS TOWER

◊ WRIGLEY FIELD

Taking Care of Business – Part One

```
J O E G E T R A W E T S Y F M
F L E K A M R W J A U J A S U
K A S L A T A W O Z N I A K G
P H Y L P R E Z B U F F E T N
B H L E T Y L S S B P A G E L
L E T O S M U O J L U S B F R
N S E I T I K Q W A L K E R O
N E O I Y R K I T O R E P B T
A H N H E O R C Z F H L D G S
G G A D R O F D I S N E Y G A
R U G M F R Y W F C P U E K N
O H N L N M U S K B J T R M D
M D A A I U F W A L T O N Y E
O Y M A W A L A P Y C U W J R
M C M B E Z O S S V H E R A S
```

◊ PAUL ALLEN

◊ JOHN JACOB ASTOR

◊ JEFF BEZOS

◊ WARREN BUFFET

◊ MICHAEL DELL

◊ WALT DISNEY

◊ BOBBY FLAY

◊ HENRY FORD

◊ BILL GATES

◊ HOWARD HUGHES

◊ STEVE JOBS

◊ RAY KROC

◊ JOY MANGANO

◊ J.P. MORGAN

◊ ELON MUSK

◊ LARRY PAGE

◊ HENRY ROSS PEROT

◊ COLONEL SANDERS

◊ MARTHA STEWART

◊ MADAME C.J. WALKER

◊ SAM WALTON

◊ OPRAH WINFREY

◊ SUSAN WOJCICKI

◊ STEVE WOZNIAK

City Of Angels

```
Y T L H S O R B E V E R L Y Z
A Z A Q A R S A A U W O O T Z
L B E R W N A T J C I D S T U
A I C M P E I T I O U E A H G
C L I O R I C L S C P O N E E
I O N C W M T E A M G W G B M
N N E A A U P S N T P F E R A
O G V R U N F H L T A V L O F
M B K C Y D O I B A U C E A F
A E Q W E T O P W U K R S D O
T A U J O A T Z F K B E Y Z K
N C E R K M B E Q M E I R O L
A H E T R I A N G L E N L S A
S I N S C K L N O L V E R A W
C D O O W Y L L O H W O Q J M
```

◊ BATTLESHIP IOWA

◊ BEVERLY HILLS

◊ CATALINA ISLAND

◊ CENTURY CITY

◊ FARMERS MARKET

◊ GETTY CENTER

◊ GOLDEN TRIANGLE

◊ HOLLYWOOD

◊ LA BREA TARPITS

◊ LAKERS

◊ LONG BEACH

◊ LOS ANGELES

◊ MALIBU

◊ MOCA GRAND

◊ MOVIE STARS

◊ OLVERA STREET

◊ PRETTY WOMAN

◊ QUEEN MARY SHIP

◊ RAMS FOOTBALL

◊ RODEO DRIVE

◊ SANTA MONICA PIER

◊ THE BROAD

◊ VENICE BEACH

◊ WALK OF FAME

Universities

```
H P J R U R S S G T N S L W T
T C O L U M B I A O G L A A L
N I D R O F D A R L E T A U E
P F H S L A W T E B T R W G L
H I G U F L H X P V C U N U L
I C M T I W E M Y A L E F S A
L A O A O R A Q D P V B O T H
L P V O D C I I R A J R A A S
I A D O Y O A I N N A E K N R
P K P L C I N G N P D N L F A
S S B N J C E N G A C A A O M
N A G R E L J O A S R U N R D
E L A T O F U R M A N O D D F
N A O B Z W V C H A D F P B F
P N K K R F N Y C N I U Q A L
```

◊ ALASKA PACIFIC	◊ EVANGEL	◊ PHILLIPS
◊ ARCADIA	◊ FURMAN	◊ PRINCETON
◊ AUGUSTA	◊ KEAN	◊ QUINCY
◊ BRENAU	◊ MADONNA	◊ RADFORD
◊ BROWN	◊ MARSHALL	◊ STANFORD
◊ CAMPBELL	◊ NAROPA	◊ TUFTS
◊ COLUMBIA	◊ NORTHWOOD	◊ WALSH
◊ DREXEL	◊ OAKLAND	◊ YALE

Founding Fathers

```
F U W P E Q Y T B S W B U F G
T Z E N Y A S R T I J P U E M
J N I R J M E F L O G A R R J
N A N Z A W A L E S C R D D R
P E Z D A O I D E W Y L I R R
H N A L S A H S I O Y M O E H
Z Q T T M Y R A I S R T P W A
L O T S H O N M R R O N H D M
N A M R E H S M H R R N O E I
E A R W U A N A A E O P M L
F R A N K L I N U T N G M J T
N O T R O M E D H L H C H K O
T Y V F S L Y W Y R E E O C N
L L E V O L D E I S D Y W C M
J A C K S O N T H S Z P P S K
```

◊ JOHN <u>ADAMS</u>

◊ BENEDICT <u>ARNOLD</u>

◊ AARON <u>BURR</u>

◊ BEN <u>FRANKLIN</u>

◊ ELBRIDGE <u>GERRY</u>

◊ ALEX <u>HAMILTON</u>

◊ JOHN <u>HANCOCK</u>

◊ PATRICK <u>HENRY</u>

◊ WILLIAM <u>JACKSON</u>

◊ JOHN <u>JAY</u>

◊ FRANCIS <u>LEWIS</u>

◊ JAMES <u>LOVELL</u>

◊ JAMES <u>MADISON</u>

◊ JOHN <u>MATHEWS</u>

◊ JAMES <u>MONROE</u>

◊ LEWIS <u>MORRIS</u>

◊ JOHN <u>MORTON</u>

◊ THOMAS <u>PAINE</u>

◊ WILLIAM <u>PENN</u>

◊ ROGER <u>SHERMAN</u>

◊ GEORGE <u>WALTON</u>

◊ JOHN <u>WILLIAMS</u>

◊ OLIVER <u>WOLCOTT</u>

◊ GEORGE <u>WYTHE</u>

It's a Girl Thing

```
S S M Z A E S L E H C L P A N
I L G R R A L L I S O N R N R
R E U I H Y P S N U B O H E C
A R A H D A A P I D R T L Z Y
P U L Y I B P S A U R E Y E A
F A L V E E A G A A W N O N E
N L I L V T T D C E E N G N L
K L M O Z H R Y H E H E A O A
O S A D E A I H K A L Y C S I
A U C E L N C A N A P E I R N
A Q D S D Y I N U Y Z H H E E
U I W S A W A N B E E C C M W
G D N A F V E O D L S O N E D
Z E T E A E Z D E B W G W H S
M Y J S X N U N U Z O S A I Q
```

◊ ALLISON, IOWA

◊ ANGELA, MONTANA

◊ AURORA, ILLINOIS

◊ BETHANY, MISSOURI

◊ CAMILLA, GEORGIA

◊ CHELSEA, VERMONT

◊ CHEYENNE, WYOMING

◊ CHICAGO, ILLINOIS

◊ DONNA, TEXAS

◊ ELAINE, ARKANSAS

◊ EMERSON, IOWA

◊ HELEN, MARYLAND

◊ ISABEL, KANSAS

◊ LAUREL, DELAWARE

◊ LOUISA, VIRGINIA

◊ ODESSA, TEXAS

◊ OLIVIA, MINNESOTA

◊ PARIS, TEXAS

◊ PATRICIA, TEXAS

◊ SAVANNAH, GEORGIA

◊ TRACY, CALIFORNIA

◊ XENIA, OHIO

◊ ZELDA, KENTUCKY

◊ ZENA, NEW YORK

Bright Lights Big City

```
N S N A E L R O W E N U S H P
I B E D N A L T R O P I E H L
T H W T W U I O N E U O O S L
S C P A G I M H G O R E M A K
U H O U Y I O A L H N E I N C
A N R C T F R T A I H U N A O
A T T L I O S N X U Z Z N N R
O K A H H O N O L U L U E T E
G B E C L A S V E G A S A O L
A A N P V C Y M I A M I P N T
C A R A O B I L O X I J O I T
I V S D E T R O I T V J L O I
H O P P A T L A N T A J I A L
C L E V E L A N D N O T S O B
C P V C B N A S H V I L L E L
```

◊ ANCHORAGE   ◊ CLEVELAND   ◊ NEW ORLEANS

◊ ASPEN   ◊ DETROIT   ◊ NEWPORT

◊ ATLANTA   ◊ HONOLULU   ◊ PHOENIX

◊ AUSTIN   ◊ LAS VEGAS   ◊ PORTLAND

◊ BALTIMORE   ◊ LITTLE ROCK   ◊ SAN ANTONIO

◊ BILOXI   ◊ MIAMI   ◊ SAVANNAH

◊ BOSTON   ◊ MINNEAPOLIS   ◊ ST. LOUIS

◊ CHICAGO   ◊ NASHVILLE   ◊ TOPEKA

Rappers

```
I Q U B R U K A H S C A P U T
E B U C E C I L I L W A Y N E
N O T O R I O U S B I G Q L R
R J A N I M I K C I N U L L A
E S N O O P D O G Y E U L Y M
Z L U D A C R I S E B C E L A
P P O Y H T E K N T O B L L L
L V V C E V F L I O I I T E K
Z L F C J M A P L D L A A M C
M B I M W T E J R B C Z N W I
E Z P M I M L A A F Y U A N R
N R Y F K H C B I E M Q D Y D
I F A A Q E Y C O M M O N I N
M H P Y J M E T H O D M A N E
E E R D R D Y M T K C H A D K
```

◊ CARDI B

◊ J. COLE

◊ COMMON

◊ DR. DRE

◊ EAZY-E

◊ EMINEM

◊ ICE CUBE

◊ ICE-T

◊ JAY-Z

◊ KID CUDI

◊ KENDRICK LAMAR

◊ QUEEN LATIFAH

◊ LIL BABY

◊ LIL WAYNE

◊ LL COOL J

◊ LUDACRIS

◊ METHOD MAN

◊ MEEK MILL

◊ NICKI MINAJ

◊ NOTORIOUS B.I.G.

◊ PITBULL

◊ TUPAC SHAKUR

◊ SNOOP DOG

◊ YNW MELLY

From Sea to Shining Sea

```
L N S N R E V A C R G T U V D
I F J L U B N A T I O N A L A
U R O E N E R E E S I G D O G
E E E S I T A O A R R N B C R
N E R T O A G N O K A L B U A
A D I R N G A Y M K A U S J N
F O P I Q N D T A B L M Q P D
W M M P T E L Z L R A Y I S R
A V E O N D A I A C A K N E G
D M N N A L R P K R E G T J R
O I E F W O T I W P T R A E O
O K R R U G N L L O A A V I V
V C L N I A E A D U R O C I N
G E V Y C C C Q Q G O L N L M
Q O I O A E A E D H T W D T A
```

◊ ALAMO

◊ ALCATRAZ ISLAND

◊ BALBOA PARK

◊ BROOKLYN BRIDGE

◊ CARLSBAD CAVERNS

◊ CENTRAL PARK

◊ EMPIRE STATE

◊ FANEUIL HALL

◊ FREEDOM TRAIL

◊ FRENCH QUARTER

◊ GOLDEN GATE PARK

◊ GRAND CENTRAL

◊ HOOVER DAM

◊ KENNEDY SPACE CENTER

◊ LAS VEGAS STRIP

◊ MACKINAC BRIDGE

◊ MALL OF AMERICA

◊ NATIONAL MALL

◊ NIAGARA FALLS

◊ PIKE PLACE MARKET

◊ SAN ANTONIO RIVER

◊ TIMES SQUARE

◊ UNION STATION

◊ WALT DISNEY WORLD

Baseball Terms

```
T F V S E L P I R T N L K N G
U O U T F I E L D N F T L U O
O I H L C M G A U U J W A R D
G Q Z K D O P R O B C B B E T
U N O G L O V E A N D A J M R
D F S I F N U V P N D S N O I
F H C Z L S U B R P D E D H D
N B Q T Y H P J L V E S C Z N
R D O O B O F L I E L R L K L
G E S N A T S M A T G G J A S
S M T L L A B O W T A K U I M
W Z R T L N V S J D E G N C L
V D C H A N G E U P L G O Y V
V H M K O B N E P L L U B U G
P I T C H E R H Q E F Q Z V T
```

- ◊ BALK
- ◊ BASES
- ◊ BATTER
- ◊ BULLPEN
- ◊ BUNT
- ◊ CHANGE UP
- ◊ DIRT DOG
- ◊ DOUBLE

- ◊ DUGOUT
- ◊ FLY BALL
- ◊ GLOVE
- ◊ GRAND SLAM
- ◊ HOME RUN
- ◊ MOONSHOT
- ◊ ON-DECK
- ◊ OUTFIELD

- ◊ PEPPER
- ◊ PICKOFF
- ◊ PITCHER
- ◊ PLATE
- ◊ SINGLE
- ◊ TAG OUT
- ◊ TRIPLE
- ◊ TWO-BALL

Women Shapers

```
M L O H S I H C M H V R V O S
G R U B S N I G O E Z F T N M
N N C N A S B P K G N S Z A N
A A P A K O P A N K A I D W T
V D D D M E P I L C E I E T I
I R N E R G M R A L S L O T Y
L O A I J E E G E O F C L L S
L J S R L N A U N S L T P E M
U V I F A W D I A A T E N O R
S I E B E R T I N Y L O R J T
A G R A D A M S D O T R N B U
G G T J A W R K S R I W H G B
M N S W Z C D I A S J H E Y M
N V I R O U Z B O T L H H M A
C N N K G E Z N C L I N T O N
```

◊ ABIGAIL ADAMS

◊ LOUISA MAY ALCOTT

◊ ALICE BALL

◊ CLARA BARTON

◊ SHIRLEY CHISHOLM

◊ HILLARY CLINTON

◊ PEGGY FLEMING

◊ BETTY FRIEDAN

◊ RUTH BADER GINSBURG

◊ GRACE HOPPER

◊ BARBARA JORDAN

◊ HELEN KELLER

◊ BILLIE JEAN KING

◊ DOLLEY MADISON

◊ MARGARET MEAD

◊ TONI MORRISON

◊ NANCY PELOSI

◊ ANN PRESTON

◊ SACAGAWEA

◊ MURIEL F. SIEBERT

◊ GLORIA STEINEM

◊ BARBRA STREISAND

◊ ANNIE SULLIVAN

◊ HARRIET TUBMAN

American Inventions – Part One

```
M T H G I L H S A L F A N Y Z
Y U D Q Q R E M M A H K C A J
E O G E S C A L A T O R A I R
C T E E H S D A E R P S P R Z
L L P L A N T E R E H S T P A
R O O O Q Y O E A W O H C L I
E Y D C R D R Z N C N U H A N
H A D U K J O L B T O D A N T
S L B B I E B E C T G L Q E E
A P A I N T O O O A R I O R R
W S E K R Y T G L K A S H R N
H I E C A T I L A I P H O N E
S D T E O D C G I E H N M Z T
I C G N I K S A M N Y G A M E
D E P A P E R O M Y E E Q Y L
```

◊ AEROSOL PAINT

◊ AIRPLANE

◊ ALARM CLOCK

◊ ASSEMBLY LINE

◊ BUBBLE GUM

◊ CAPTCHA

◊ COLA

◊ COLOR TELEVISION

◊ CORN PLANTER

◊ COTTON GIN

◊ DISHWASHER

◊ ESCALATOR

◊ FLASHLIGHT

◊ INTERNET

◊ IPHONE

◊ JACKHAMMER

◊ LED DISPLAY

◊ MASKING TAPE

◊ PAPER BAG

◊ PHONOGRAPHY

◊ ROBOTICS

◊ SPREADSHEET

◊ STENT

◊ VIDEO GAME

Beantown

```
H A R V A R D N O T S L Y O B
J S G U I F O T E A S H I P S
N O I T U T I T S N O C S S U
P V L M S N E W B U R Y J B K
A A F O C O Y S T E R B A R H
U S B E F O R Y C N I U Q E A
L E T S N Z P H Z B C N E W R
R G R A H W U L A L B K T E B
E D E N O R A C E K T E L R O
V I V Y C B K Y S Y R R I Y R
E R O H A B N I Q U I Y B T E
R B N G A E D A D P N E R V D
E M A Y J F Y L W K I L A R S
Q A H C H A R L E S T W R L O
L C T Y R T S A P A Y W Y S X
```

◊ BACK BAY

◊ BOSTON

◊ BOYLSTON STREET

◊ BUNKER HILL

◊ CAMBRIDGE

◊ CHARLES RIVER

◊ COPLEY SQUARE

◊ FENWAY PARK

◊ HANOVER STREET

◊ HARBOR WALK

◊ HARVARD YARD

◊ MODERN PASTRY

◊ NEWBURY STREET

◊ OLD NORTH CHURCH

◊ PAUL REVERE HOUSE

◊ PUBLIC LIBRARY

◊ QUINCY MARKET

◊ RED SOX

◊ SAM ADAMS BREWERY

◊ SWAN BOATS

◊ TEA SHIPS

◊ TRINITY CHURCH

◊ UNION OYSTER BAR

◊ USS CONSTITUTION

Ones and Twos

```
V Y K S V Q T R A E H S I H C
M L A E I D N Q U W S K T S S
S R T L Y F A D V I D E O T M
R E S R Z S L M B V P E F E E
E V A A Y E Y E L S E R P E K
T E N H D T D A I G H O L L Y
N T T C N A M I N A J U F Y B
E T A Y L O R Y M N G P W D T
P D N A M R M K R M O L A A O
R A A S L I M I E R G D Q N D
A T H S E Y A G S N E C A S H
C S J O P L I N I R V B I M O
G N A T Y C S K O R B I S O N
F O S G N I N N E J K G L N Z
E R N E L S O N Y R E N R U T
```

◊ CHUCK <u>BERRY</u>

◊ BLACK <u>KEYS</u>

◊ JOHNNY <u>CASH</u>

◊ RAY <u>CHARLES</u>

◊ BOB <u>DYLAN</u>

◊ MARVIN <u>GAYE</u>

◊ HALL AND <u>OATES</u>

◊ <u>HEART</u>

◊ BUDDY <u>HOLLY</u>

◊ WAYLON <u>JENNINGS</u>

◊ JANIS <u>JOPLIN</u>

◊ CAROLE <u>KING</u>

◊ <u>MADONNA</u>

◊ WILLIE <u>NELSON</u>

◊ ROY <u>ORBISON</u>

◊ ELVIS <u>PRESLEY</u>

◊ LINDA <u>RONSTADT</u>

◊ <u>SANTANA</u>

◊ <u>SIMON</u> AND GARFUNKEL

◊ <u>STEELY DAN</u>

◊ JAMES <u>TAYLOR</u>

◊ THE <u>CARPENTERS</u>

◊ THE <u>EVERLY</u> BROTHERS

◊ TINA <u>TURNER</u>

Second in Command

```
N H E Q H N W D C A L H O U N
D N H U N O S R E F F E J S A
E C N A N O C O W A Y G K N T
R C H Y M V U F Y J O V T Z R
E E N L Q L G H W R C L W A U
Y E N E H C I J E L A D N O M
E F M J P H U N O L B U R R A
R K N G V A N B U R E N E O N
H U W P B R O S F W G G L J E
P Q G P P R C W A N R Q Y V I
M A W N U I I H I L Z H T D S
U D R H D S I K C O L F A X W
H A J O H N S O N L E A C U O
Y M W E N G A G K M B I D E N
W S I N E L S N I K P M O T K
```

◊ JOHN ADAMS

◊ SPIRO T. AGNEW

◊ JOE BIDEN

◊ AARON BURR

◊ JOHN C. CALHOUN

◊ DICK CHENEY

◊ SCHUYLER COLFAX

◊ GEORGE DALLAS

◊ GERALD FORD

◊ AL GORE

◊ HANNIBAL HAMLIN

◊ KAMALA HARRIS

◊ HUBERT HUMPHREY

◊ THOMAS JEFFERSON

◊ ANDREW JOHNSON

◊ WILLIAM KING

◊ WALTER MONDALE

◊ JOHN NANCE

◊ MIKE PENCE

◊ DAN QUAYLE

◊ DANIEL D. TOMPKINS

◊ HARRY S. TRUMAN

◊ JOHN TYLER

◊ MARTIN VAN BUREN

World In America – Part One

```
O N G D N A L O P Q F T D C T
N T A U W U R A L G I E R S D
M G N C K M E U G A R P G V T
L B D O T L P Q O P Y I A P G
B C A I R O I C U E D D N S I
G U U M P O I Z P I W D A E K
V B G J R X T G A A T I V C C
R A G E E A R J E R R O A T S
E S P M N Y E M B R B I H N Q
M G S N K B A K U C M L S E A
Q P E R U Y A L O G N A A H I
O I T I A K D R C J B P N G R
V Y K I L C A L A I S A S Y Y
F C A B A N T W E R P Z Z C S
A N I H C M F T U D S O F I A
```

◊ ALGIERS, INDIANA	◊ CUBA, MISSOURI	◊ PERU, INDIANA
◊ ANGOLA, NEW YORK	◊ GERMANY, GEORGIA	◊ POLAND, OHIO
◊ ANTWERP, OHIO	◊ GHENT, MINNESOTA	◊ PRAGUE, OKLAHOMA
◊ BAKU, CALIFORNIA	◊ HAVANA, ILLINOIS	◊ QUITO, TENNESSEE
◊ BRAZIL, INDIANA	◊ LA PAZ, INDIANA	◊ SOFIA, NEW MEXICO
◊ CAIRO, ILLINOIS	◊ LIEGE, MISSOURI	◊ SYRIA, VIRGINIA
◊ CALAIS, MAINE	◊ MEXICO, MARYLAND	◊ TORONTO, KANSAS
◊ CHINA, MAINE	◊ PARIS, TEXAS	◊ VIENNA, ILLINOIS

Women of Distinction

```
N O T N I L C A N T H O N Y M
P A F V M S N I L O R V N P C
L O I S R O L O P C T I A Y C
N H Y T N K R P T C O R D H A
E C K F N Z E E O R K T A E R
F O C A G R Q P N E A H T B T
F P R E D W E T R O U H R W H
I F O R E L L E K Z R H W O Y
L M S L A O A K L E Y O H Z Y
U Y P N L D R K C P A O S S H
A Q D F E E N B N W M V V S F
C W G T R L V H N Q E E G V N
M N W J N T Z O I L R R T J J
R S U L L I V A N W I L D E R
P I C K F O R D K C U B F W L
```

◊ LOUISA MAY <u>ALCOTT</u>

◊ SUSAN B. <u>ANTHONY</u>

◊ CLARA <u>BARTON</u>

◊ PEARL S. <u>BUCK</u>

◊ HILLARY <u>CLINTON</u>

◊ MISTY <u>COPELAND</u>

◊ ARETHA <u>FRANKLIN</u>

◊ ERNA SCHNEIDER <u>HOOVER</u>

◊ GRACE <u>HOPPER</u>

◊ HELEN <u>KELLER</u>

◊ CHRISTA <u>MCAULIFFE</u>

◊ MARY <u>MCCARTHY</u>

◊ RITA <u>MORENO</u>

◊ ANTONIA <u>NOVELLO</u>

◊ ANNIE <u>OAKLEY</u>

◊ ELLEN <u>OCHOA</u>

◊ DOROTHY <u>PARKER</u>

◊ MARY <u>PICKFORD</u>

◊ SALLY <u>RIDE</u>

◊ BETSY <u>ROSS</u>

◊ ANNIE <u>SULLIVAN</u>

◊ SHIRLEY <u>TEMPLE</u>

◊ EDITH <u>WHARTON</u>

◊ LAURA INGALLS <u>WILDER</u>

Running Rivers

```
A J E N O T S W O L L E Y V A
P T E N N E S S E E D P B R A
O S K R I V P A H L E C K O Y
T U A Q N E K L R F H A E T A
N S N F C U U I D Z N N D I L
S Q S O O N S G R S O A N S A
A U S O L O K H A E A D A O F
Y E O D U S O S A A R I R H A
A H M A M D K J O G N A G C H
N A A R B U W D B T A N O N C
E N U O I H I N C R N K I O T
T N M L A H M L T A A O R C A
O A E O A L A B A M A Z K U G
O E E C M I S S O U R I O U D
K S A C R A M E N T O F P S Y
```

◇ ALABAMA

◇ ARKANSAS

◇ ATCHAFALAYA

◇ BRAZOS

◇ CANADIAN

◇ COLORADO

◇ COLUMBIA

◇ CONCHO

◇ GILA

◇ HUDSON

◇ KOOTENAY

◇ KUSKOKWIM

◇ MAUMEE

◇ MISSOURI

◇ NUSHAGAK

◇ PECOS

◇ RIO GRANDE

◇ SACRAMENTO

◇ SAINT CLAIR

◇ SNAKE

◇ SUSQUEHANNA

◇ TENNESSEE

◇ YELLOWSTONE

◇ YUKON

O-O-Oklahoma City

```
Y D Y Y L I M A F R R O G O K
O W W H I Y E K S I H W G C C
B Y B I Z Z E L L O C W Y V B
W R N L O C N I L N A V A J O
O A N U G P A Y C O M T G E S
C U N W S D R A Y K C O T S I
O T D E O E A W Y A V H W E X
M C J A O T D R P E U Q C P T
A N R Q I R K I U N G N Y R Y
N A A J O R T C D C E A H V S
C S B C Z O Y E I I S Q S G I
H I L P L R R M C R A B Q O X
E O E Y R O T S I H B D O K V
C D U M A R L A N D S S W W T
O Y F R O N T I E R G J L P Z
```

◊ BIZZELL LIBRARY

◊ BRICKTOWN

◊ COLCORD HOTEL

◊ COMANCHE CENTER

◊ COWBOY MUSEUM

◊ FACTORY OBSCURA

◊ FRONTIER CITY

◊ FUEL BAR AND GRILL

◊ HISTORY CENTER

◊ HOLY CITY

◊ LINCOLN PARK

◊ MARLAND MANSION

◊ MYRIAD GARDENS

◊ NAVAJO TACOS

◊ ORR FAMILY FARM

◊ OSAGE HILLS

◊ PAYCOM CENTER

◊ ROUTE SIXTY-SIX

◊ SANCTUARY ASIA

◊ SCIENCE MUSEUM

◊ STATE CAPITOL

◊ STOCKYARDS

◊ THUNDER

◊ WHISKEY CAKE BAR

Sporting Life

```
K D R A T S L L A B L M R F Y
L K N I F J F D M W S Z O Q G
Y E L N A T S N V B Q R Y E O
W R K C R B G A O J M Q D G T
W O H L D M J S A U T S N N F
R Y O I L M T C L Z I Y I I C
B A T D F O J A Z N K E N L N
Y L W I N M O R N C D A W W P
S R E T S A M E U Z L K O O J
R T L C F D T T E Q V B R B J
Y E V J P N N N O T T O C C T
D F E W R E S T L E M A N I A
E H N V K S D A Y T O N A O N
R Y M R A S E Z S U R F I N G
G N N B D W F O E D O R N Y R
```

◊ <u>ARMY</u> NAVY GAME

◊ BIG <u>TWELVE</u>

◊ <u>BOSTON</u> MARATHON

◊ <u>BOWLING</u> AT THE GLEN

◊ <u>COTTON</u> BOWL

◊ <u>DAYTONA</u>

◊ <u>FINAL</u> FOUR

◊ <u>FORMULA</u> ONE

◊ <u>INDY</u> FIVE HUNDRED

◊ <u>KENTUCKY</u> DERBY

◊ MARCH <u>MADNESS</u>

◊ <u>MASTERS</u> GOLF

◊ <u>MLB ALL-STAR</u> GAME

◊ <u>NASCAR</u>

◊ NATIONAL <u>RODEO</u>

◊ <u>NFL DRAFT</u>

◊ <u>ROYAL</u> RUMBLE

◊ <u>RYDER</u> CUP

◊ <u>STANLEY</u> CUP FINAL

◊ TRIPLE <u>CROWN</u>

◊ US OPEN <u>SURFING</u>

◊ US OPEN <u>TENNIS</u>

◊ <u>WOOD</u> LEGACY

◊ <u>WRESTLEMANIA</u>

Leading Ladies – Part One

```
V L R L Y D H K P R E C H O N
L L A C A B J C M E C A N R Y
A F J B O P Q Y A N Q L R U E
D A V I S L D W C D H H O I N
Q C P W I N E N G R V U N S R
L L A B A J Q A R A A T Y I E
S D O L Y B R T A G S T Z E I
S N R S S C M S W C F O G S T
E A O H T D E N R O H N T E N
G S Q P W O L M U Y A R B O A
V I N F T H N O I L E A T R M
F E H Q O T I E N E V R E N Y
F R Y Z J N A T P Y A J H O W
C T F H H R D Y E P E F H M Y
V S H F M C R A W F O R D R U
```

- ◊ LAUREN BACALL
- ◊ LUCILLE BALL
- ◊ GLENN CLOSE
- ◊ NATALIE COLE
- ◊ JOAN CRAWFORD
- ◊ BETTE DAVIS
- ◊ JANE FONDA
- ◊ AVA GARDNER

- ◊ JUDY GARLAND
- ◊ LENA HORNE
- ◊ LAUREN HUTTON
- ◊ JESSICA LANGE
- ◊ ALI MACGRAW
- ◊ MARILYN MONROE
- ◊ DOLLY PARTON
- ◊ DEBBIE REYNOLDS

- ◊ BARBARA STANWYCK
- ◊ SHARON STONE
- ◊ MERYL STREEP
- ◊ BARBRA STREISAND
- ◊ GENE TIERNEY
- ◊ BETTY WHITE
- ◊ JANE WYATT
- ◊ JANE WYMAN

Vroom Vroom

```
C O I I N Y D N A L T R A E H
J E Q G R E A T N O M A T L A
U Y R F M W C E C J R D R C L
A S G E O R G E I M N N E O A
E A N O M O P M G F O L G C S
W L R R R I C D A Y T O N A V
O T T V R A D H M J S G I N E
O D R T S Z N N F H U S L O G
D A O L I R O G A C O Q S N A
B Z U M O L A E E B H K F A S
U T H U I R M A P L E M R B H
R D T I R N M O T O R P L E X
N E C O L F I R E B I R D L J
E L Y I I O H O Q H Y W O A C
Q O R T K A T I N A Z N A M G
```

- ◊ ALTAMONT
- ◊ ARROYO SECO
- ◊ BANDIMERE
- ◊ DAYTONA
- ◊ DOMINION
- ◊ FIREBIRD
- ◊ GEORGE RAY
- ◊ GREAT LAKES

- ◊ HEARTLAND
- ◊ HILO DRAGSTRIP
- ◊ HOUSTON RACEWAY
- ◊ LAS VEGAS
- ◊ LEBANON VALLEY
- ◊ LITTLE VALLEY
- ◊ MAGIC CITY
- ◊ MANZANITA

- ◊ MAPLE GROVE
- ◊ ORANGE SHOW
- ◊ POMONA RACEWAY
- ◊ ROUTE SIXTY-SIX
- ◊ SLINGER
- ◊ TEXAS MOTORPLEX
- ◊ TULSA RACEWAY
- ◊ WOODBURN

The Moon and Stars

```
W F I A G N O R T S M R A N F
Y M O S S I R G S S E I L F E
E G M M N I S N C A J L R C S
B W J T A R I H D W E L C L I
B N J N G L I D H V A N A R A
A A C S L R Y I O S L N R E H
L M M O R G T L N Y I M P P Q
W W C A O S O I E P C B E O N
A E N C O G K L P O I N N O I
H N O N Q T R I N C N I T C R
C L T U A U R R E E Z A E M D
G F Y W H C A R L U H W R S L
P L A F C D N G K T L N F I A
H J L M Q A B A D K L U C I D
O R S C N T E E F F A H C C T
```

- ◊ BUZZ <u>ALDRIN</u>
- ◊ NEIL <u>ARMSTRONG</u>
- ◊ SCOTT <u>CARPENTER</u>
- ◊ GENE <u>CERNAN</u>
- ◊ ROGER B. <u>CHAFFEE</u>
- ◊ KALPANA <u>CHAWLA</u>
- ◊ EILEEN <u>COLLINS</u>
- ◊ PETE <u>CONRAD</u>
- ◊ GORDON <u>COOPER</u>
- ◊ ROBERT <u>CRIPPIN</u>
- ◊ JOHN <u>GLENN</u>
- ◊ GUS <u>GRISSOM</u>
- ◊ FRED <u>HAISE</u>
- ◊ DOUG <u>HURLEY</u>
- ◊ JIM <u>LOVELL</u>
- ◊ SHANNON <u>LUCID</u>
- ◊ RONALD <u>MCNAIR</u>
- ◊ JAMES <u>NEWMAN</u>
- ◊ ELLISON <u>ONIZUKA</u>
- ◊ WILLIAM F. <u>READDY</u>
- ◊ WALLY <u>SCHIRRA</u>
- ◊ DEKE <u>SLAYTON</u>
- ◊ JESSICA <u>WATKINS</u>
- ◊ PEGGY <u>WHITSON</u>

Sing Out Louise – Part One

```
S  L  S  P  S  Z  S  G  N  I  H  T  Y  N  A
S  U  G  A  R  M  D  T  O  O  T  S  I  E  A
V  B  R  O  N  X  I  E  T  M  Q  F  M  N  N
N  S  V  A  L  Y  U  S  L  J  C  H  W  J  A
O  E  G  K  C  T  P  T  B  G  J  E  I  K  S
G  N  T  E  R  A  B  A  C  E  N  R  O  J  T
A  O  G  A  C  I  H  C  R  I  H  A  A  Y  A
W  J  R  C  V  C  N  K  N  E  C  A  T  C  S
D  P  G  I  Z  A  O  E  W  F  M  V  V  N  I
N  M  O  N  Y  R  T  E  J  I  S  E  I  I  A
A  E  J  A  T  O  L  Y  T  L  C  P  B  Z  N
B  R  Z  T  F  U  I  B  Y  S  P  Y  G  T  N
L  R  E  I  Y  S  M  E  M  O  U  U  G  U  W
L  Z  V  T  B  E  A  Y  P  P  Y  D  M  C  O
P  E  F  W  Q  L  H  B  I  S  G  Q  V  K  T
```

◊ A WONDERFUL <u>LIFE</u>   ◊ CARMEN <u>JONES</u>   ◊ <u>NINE TO FIVE</u>

◊ AIN'T <u>MISBEHAVIN'</u>   ◊ <u>CAROUSEL</u>   ◊ ON THE <u>TOWN</u>

◊ <u>ANASTASIA</u>   ◊ <u>CATS</u>   ◊ <u>SUGAR</u> BABIES

◊ <u>ANYTHING</u> GOES   ◊ <u>CHICAGO</u>   ◊ <u>TANGLED</u>

◊ <u>BAND WAGON</u>   ◊ <u>GUYS</u> AND DOLLS   ◊ <u>TINA</u>

◊ <u>BRONX</u> TALE   ◊ <u>GYPSY</u>   ◊ <u>TITANIC</u>

◊ <u>BYE BYE</u> BIRDIE   ◊ <u>HAMILTON</u>   ◊ <u>TOOTSIE</u>

◊ <u>CABARET</u>   ◊ MARY <u>POPPINS</u>   ◊ <u>TUCK</u> EVERLASTING

Charleston Charm

```
H Y Z U O P I H G L E L J C O
E S C Z M A O N E S E D K J B
D K G A P N S N E D Q V N A F
M W W A M G E I A C E V T C Y
O S L H K V N T S X I T M E Q
N M T S A R I I C L E R L S C
S A R R K C H H L R A N D D A
T G O A F Q A L Y R U N O E R
O N W M T N E U R H A R D J R
N O T V G S P O E G E D T F I
B L E E S P F E T Z I P Z O A
O I K U E O K D M W R Z P L G
O A R R M Z G C U O Y D D L E
N C A N G E L O S J W Z E Y Y
E S M C E R O A N I L O R A C
```

◇ ANGEL OAK TREE

◇ BOONE HALL

◇ CARRIAGE RIDE

◇ CITY MARKET

◇ DARLING OYSTER BAR

◇ EDMONSTON HOUSE

◇ FOLLY BEACH

◇ FORT SUMTER

◇ HUNLEY SUBMARINE

◇ ISLE OF PALMS

◇ MAGNOLIA GARDENS

◇ MARSH BOAT

◇ OLD EXCHANGE

◇ RAINBOW ROW

◇ RAVENEL BRIDGE

◇ RED RICE

◇ RUSSELL HOUSE

◇ SOUTH CAROLINA

◇ SULLIVAN'S ISLAND

◇ SWAMP GARDEN

◇ THE BATTERY

◇ THE CITADEL

◇ UPPER KING STREET

◇ ZERO GEORGE HOTEL

Live Music Capital of The World

```
K U C E N T R A L E V A W Q T
L L E N N O B Z E T Q Q G T M
U S G S T H G I L R H O O O C
M Z K H U L V L O A Q A O O F
T T E V O L P K H C S D N Y U
P N J B A C B E W I Y G S B A
Y W D U L U A R S X R P A N L
E N S T L D T P S E P R I W M
N B V L I R B L S M T T A B U
N R O E K I R S V O S T M B Q
I C E R S B I L N U E E O U G
K A B B I Y D B A R P X V W T
C P M B R D G I L F F A O O L
M G F Y D A E O N Q E S U L H
R J Z E S L O H A M I L T O N
```

◊ AMY'S ICE CREAM

◊ AUSTIN

◊ BARTON SPRINGS

◊ BAT BRIDGE

◊ BULLOCK MUSEUM

◊ BUTLER HIKE BIKE

◊ CENTRAL MARKET

◊ CONGRESS AVENUE

◊ DRISKILL HOTEL

◊ HAMILTON POOL

◊ LADY BIRD LAKE

◊ LYLE LOVETT

◊ MCKINNEY FALLS

◊ MEXIC-ARTE MUSEUM

◊ MOODY CENTER

◊ MOUNT BONNELL

◊ OASIS RESTAURANT

◊ OWL BUILDING

◊ TEXAS

◊ TRAIL OF LIGHTS

◊ UMLAUF SCULPTURE

◊ WATERLOO RECORDS

◊ WHOLE FOODS

◊ ZILKER PARK

Strictly Business

```
L C D I A A D E T A G L O C P
E I W A L M A R T Z C I G N A
T T S O K D W B K T Y Y P M B
T I H W C E A Z Y T J W B I S
A G Q S G K T M M E R A L V T
M R Q F E T N R R G N C I D D
D O J R E N A H M R T I B U C
H U S L O F P A Q A L R O P I
T P W Z E M E R F T N E M O H
M E A T A B I P N O G M N N L
H M A S M F H E E N R A O T L
A T S I M E R R I L L D X D E
S E J C V S H E A L T H X O D
Y M A C Y S O Y E S P L E W I
Z V W C T B S Z E L P P A T W
```

◊ AMAZON

◊ APPLE

◊ BAKER'S CHOCOLATE

◊ BANK OF AMERICA

◊ BOEING

◊ CASWELL MASSEY

◊ CIGNA

◊ CITIGROUP

◊ COLGATE

◊ CVS HEALTH

◊ DELL COMPUTERS

◊ DUPONT DOW

◊ EXXON MOBIL

◊ FORD MOTORS

◊ HARPER COLLINS

◊ HEWLETT PACKARD

◊ JIM BEAM WHISKEY

◊ MACY'S

◊ MATTEL

◊ MERRILL LYNCH

◊ PABST BREWING

◊ STATE FARM

◊ TARGET

◊ WALMART

New York, New York

```
S E L A D G N I M O O L B E A
D D L Y N A T T A H N A M P V
B A T T E R Y L I B E R T Y L
S B K B D K X R E S T N A I G
T E B C O N W H I T E W A Y A
E L A O O W N O S I D A M B U
E V W R J R E K Y A W B U S C
R E B Z J D C R O N H N Z L A
T D Y F W I T R Y H A R B Y R
S E S T N A B T W N R Q M I N
L R T K M B K J J M L R T C E
L E C M S E V E N T E E N P G
A W A S T A T E N O M C U I I
W N I M A S E M I T R S P O E
Y E A S T R I V E R P L A Z A
```

◊ BATTERY PARK

◊ BELVEDERE CASTLE

◊ BLOOMINGDALES

◊ BOWERY

◊ BROADWAY

◊ BRONX

◊ CARNEGIE HALL

◊ EAST RIVER

◊ GIANTS

◊ GREAT WHITE WAY

◊ HARLEM

◊ KNICKS

◊ MADISON AVENUE

◊ MANHATTAN

◊ NEW YORK JETS

◊ PIER SEVENTEEN

◊ PLAZA HOTEL

◊ STATEN ISLAND

◊ STATUE OF LIBERTY

◊ SUBWAY

◊ TAMMANY HALL

◊ TIMES SQUARE

◊ TOP OF THE ROCK

◊ WALL STREET

Groundhog Day

```
A M D L J E C E M E R G E R U
I N R E T N I W K S N E U K N
N O S T R A R C H I L L Y S D
A I U E F W E A T H E R U P E
V T E M C E D N A U I N F R R
L I H P C O B R K I N W O I G
Y T I E W L N R E Y O N R N R
S S B R P A O D U O H W E G O
N R E A R K M U D A B Y C L U
N E R T E Y F C D U R W A J N
E P N U D N H R R Y A Y S I D
P U A R I U L R C E R A T S A
O S T E C S O R T A E R T E R
F K E K T W S I X W E E K S I
Y E N W A T U S X N U P N E Y
```

- ◊ BURROW
- ◊ CHILLY
- ◊ CLOUDY
- ◊ EMERGE
- ◊ FEBRUARY
- ◊ FORECAST
- ◊ HIBERNATE
- ◊ PENNSYLVANIA

- ◊ PHIL
- ◊ PREDICT
- ◊ PUNXSUTAWNEY
- ◊ RETREAT
- ◊ SECOND
- ◊ SHADOW
- ◊ SIX WEEKS
- ◊ SPRING

- ◊ SUNNY
- ◊ SUPERSTITION
- ◊ TEMPERATURE
- ◊ TUNNEL
- ◊ UNDERGROUND
- ◊ WEATHER
- ◊ WINTER
- ◊ WOODCHUCK

If The Creek Don't Rise – Part One

42

```
Q G N I Y R F P J K J E G S H
U Y E V C A L U M E T N B Y A
I K C E P O C S E N F I Z C S
N E L I M N E T L A O W V A S
A E E M M I S S I K F Y E M A
P K I N C I V Z I I Z D R O Y
O Y S T E R S Y O M F N M R A
X A O A Q A O A J O O A I E M
E E K A N S E L T T A R L Q P
T M A N O J R E B A T B L L A
Y E L L O W B A K K D Y I C S
F T M M A A C A L A P O O I A
N R L I Y E R E D W O P N U G
B Q N O N E S U C H N A S H H
S C U P P E R N O N G Q M D O
```

◊ ABERJONA

◊ BAYOU TECHE

◊ BRANDYWINE

◊ CALAPOOIA

◊ COPPERAS MINE

◊ FRYING PAN

◊ GRAND CALUMET

◊ GUNPOWDER

◊ HAMPTON FALLS

◊ HASSAYAMPA

◊ IZVICNIK

◊ KISSIMMEE

◊ NASH STREAM

◊ NESCOPECK

◊ NONESUCH

◊ OYSTER POND

◊ QUINAPOXET

◊ RATTLESNAKE

◊ SCUPPERNONG

◊ SYCAMORE

◊ TENMILE

◊ VERMILLION

◊ WAKATOMIKA

◊ YELLOW WOOD

Leading Men

```
P N H M N N D S C R T V F O D
A Y A A N O S N H O J L L X O
C E E M U R E D F O R D P A M
I D V G F A T S A V Q F E O C
N Q L A Z F N Z K E B S D R Q
O A P T N E O K U N I N B E U
S S N O W S D H D U A G A P E
S O R M I A O G R R O H D O E
E B A I W T Y C B L Y I I O N
V N Z C X S I N L E Q Q C C O
E E C X T F R E E M A N A A R
E C O O E L M U R M H N P S I
R F N O T A E K N O C D R R N
W A S H I N G T O N E N I B E
G E N R U B H S I F O I O Q D
```

◊ MARLON <u>BRANDO</u>

◊ BRADLEY <u>COOPER</u>

◊ TOM <u>CRUISE</u>

◊ JAMES <u>DEAN</u>

◊ ROBERT <u>DE NIRO</u>

◊ LEONARDO <u>DICAPRIO</u>

◊ KIRK <u>DOUGLAS</u>

◊ CHRIS <u>EVANS</u>

◊ LAURENCE <u>FISHBURNE</u>

◊ JAMIE <u>FOXX</u>

◊ MORGAN <u>FREEMAN</u>

◊ TOM <u>HANKS</u>

◊ DUSTIN <u>HOFFMAN</u>

◊ DWAYNE <u>JOHNSON</u>

◊ MICHAEL <u>KEATON</u>

◊ JACK <u>LEMMON</u>

◊ PAUL <u>NEWMAN</u>

◊ AL <u>PACINO</u>

◊ SIDNEY <u>POITIER</u>

◊ ROBERT <u>REDFORD</u>

◊ KEANU <u>REEVES</u>

◊ STEVE <u>MCQUEEN</u>

◊ DENZEL <u>WASHINGTON</u>

◊ JOHN <u>WAYNE</u>

44

The City of New Orleans

```
T A N E T T E M L A H C M G O
I R O L A E A N A I S I U O L
W M S O C V O A I T S I G R A
Z S K E E C J M L S D P M Y E
I T C R E A O O I R Q G A E L
N R A C Z O U S A C A L S V L
Y O J Z N I S M A R A N E A I
U N B W S I K B D B B S N T V
T G A R P H I E M D W I I E Y
A L Q P U L N A D N O M O N R
K L I D D O J I O O M A T G O
G O V O H J B N L M C M N I T
H U R R I C A N E U V B A E S
C A N A L N O B U D U A G B Q
O B R I E N S T E A M B O A T
```

◊ ANTOINE'S

◊ LOUIS ARMSTRONG

◊ AUDUBON PARK ZOO

◊ BEIGNET

◊ BOURBON STREET

◊ CABILDO MUSEUM

◊ CAFE DUMOND

◊ CANAL STREET

◊ CHALMETTE FIELD

◊ CREOLE

◊ GARDEN DISTRICT

◊ HURRICANE DRINK

◊ JACKSON SQUARE

◊ JAMBALAYA

◊ JAZZ ON FRENCHMEN

◊ LOUISIANA

◊ MARDI GRAS

◊ MISSISSIPPI

◊ MOON WALK

◊ PAT O'BRIEN'S

◊ RIVERBOAT CASINO

◊ ST. LOUIS

◊ STEAMBOAT

◊ STORYVILLE

Influential Women

```
J Y K D T M E N I E T S L N O
R O T S A S A O N Y T S R U B
N W V M G L O W T R A W E T S
W I Z I L B T P N B B I V U O
A U X H P R A W Z U M M P N S
L Y N O U A A L T S V Y A T B
K T E T N Y Y T L H C S R O E
E H H N O K E C A P S E U Y G
R Y E L T A E H W I E D D B R
Q D L Q R I C Q S P R A S Y O
D T P I A K H F G E C W E D E
I Q M V H E B W A F C U W U G
Z P E M W L S U M W H I T E R
T Q T G W L X N A G A E R U B
E F A H S Y A R O Q D L C E C
```

- ◇ CAROLINE ASTOR
- ◇ ALICE BALL
- ◇ GAIL BOUDREAUX
- ◇ ELLEN BURSTYN
- ◇ LAURA BUSH
- ◇ ELIZABETH CADY
- ◇ PHYLLIS GEORGE
- ◇ GRACE KELLY

- ◇ PAT NIXON
- ◇ JACKIE ONASSIS
- ◇ EMILY POST
- ◇ NANCY REAGAN
- ◇ CONDOLEEZZA RICE
- ◇ SISSY SPACEK
- ◇ GLORIA STEINEM
- ◇ MARTHA STEWART

- ◇ MERYL STREEP
- ◇ SHIRLEY TEMPLE
- ◇ SOJOURNER TRUTH
- ◇ MARY EDWARDS WALKER
- ◇ EDITH WHARTON
- ◇ PHILLIS WHEATLEY
- ◇ BETTY WHITE
- ◇ GERTRUDE WHITNEY

Lady With a Pen

```
J C D N O T S R U H Y W Z B O
V H I D G M T C P I C O U L T
T I D W N J Z T Y R H C P E W
I N I S B J M E E C K A W G H
W T O K W J G O I L R L V U E
H O N A S Y E R R K L U T I A
A N R D L J D J E R N I V N T
R D H M L R C R A I I W M D L
T V F T E E A E P C A S U I E
O M I P W L T O D L K S O M Y
N I E T S D H B K N S S L N I
O M V E Q C E E B E E Q O J L
E P L A T H R G M E R L I N P
M K Z F U O L E G N A U L W J
Z V K T S U O I L A T E M A A
```

- ISABEL <u>ALLENDE</u>
- MAYA <u>ANGELOU</u>
- PEARL S. <u>BUCK</u>
- WILLA <u>CATHER</u>
- KATE <u>CHOPIN</u>
- JOAN <u>DIDION</u>
- LOUISE <u>ERDRICH</u>
- S.E. <u>HINTON</u>

- ZORA NEALE <u>HURSTON</u>
- SHIRLEY <u>JACKSON</u>
- URSULA K. <u>LE GUIN</u>
- CLAIRE <u>MESSUD</u>
- GRACE <u>METALIOUS</u>
- KATE <u>MILLETT</u>
- TONI <u>MORRISON</u>
- DOROTHY <u>PARKER</u>

- JODI <u>PICOULT</u>
- SYLVIA <u>PLATH</u>
- GERTRUDE <u>STEIN</u>
- ALICE <u>WALKER</u>
- JESMYN <u>WARD</u>
- IDA B. <u>WELLS</u>
- EDITH <u>WHARTON</u>
- PHILLIS <u>WHEATLEY</u>

Taking Care of Business – Part Two

```
L D Z K E N S P J K A R T C A
R S D T I D R A R K R E I N Q
F K N V I E A A C J H N Q K Y
V I A I N V L P I C K F O R D
C L F D B C O P S N E E O N H
F H R P F B G K F R S H U E I
H A A N H D O R S E Y H O R L
G R E N I R G R F O W L S U T
Y R M W G U N B F Z M O E A O
T I E S N O S I L L E C N L N
T J I B T N I G F H W N O F U
E R G L D E S T E F A N J I Y
G C U B A N Y Y S P I E G E L
V G C R B G A E A F W R B R I
B A L L M E R S R M P Y G I P
```

◊ STEVE BALLMER

◊ DAVID CHANG

◊ DICK CLARK

◊ MARK CUBAN

◊ JACK DORSEY

◊ LARRY ELLISON

◊ GLORIA ESTEFAN

◊ GUY FIERI

◊ JENNIFER FLAVIN

◊ CHRIS GARDNER

◊ J. PAUL GETTY

◊ MERV GRIFFIN

◊ LORI GRINER

◊ HUGH HEFNER

◊ CONRAD HILTON

◊ JERRY JONES

◊ RALPH LAUREN

◊ DUSTIN MOSKOVITZ

◊ MARY PICKFORD

◊ TONY ROBBINS

◊ SHERYL SANDBERG

◊ KATE SPADE

◊ EVAN SPIEGEL

◊ TOM STEYER

Female Sporting Greats

```
V A C T B B Q R G Y E V E R T
V B P Z K H W O N R E L L I M
P I M A C Z I O I R T S C B U
P L H O T D L C M O Y D U N Y
I E L A R R L I E G H K V O K
K S Q J M G I C L V E R Q T R
I L L N C M A C F W A N N T N
M S N N O V M N K O N N O E U
H E A P K H S C K A K F S R Z
S A Y R H C A B M A W T H W K
U B M E U N A Y Z S M H Z P T
N L V I R A H B E L E S L I E
O A O U L S T N K E C Y Y G A
A I W D P L O S T R E E T T K
P R A K T J B V Y S R E K A M
```

◊ MICHELLE AKERS

◊ SIMONE BILES

◊ BONNIE BLAIR

◊ JANET EVANS

◊ CHRIS EVERT

◊ PEGGY FLEMING

◊ DOROTHY HAMILL

◊ MIA HAMM

◊ FLO HYMAN

◊ MARION JONES

◊ JULIE KRONE

◊ MICHELLE KWAN

◊ LISA LESLIE

◊ ANN MEYERS

◊ CHERYL MILLER

◊ ALEX MORGAN

◊ DANICA PATRICK

◊ MARY LOU RETTON

◊ RONDA ROUSEY

◊ PICABO STREET

◊ DIANA TAURASI

◊ LINDSEY VONN

◊ ABBY WAMBACH

◊ SERENA WILLIAMS

American State of Mind

```
D J Y R A I N I G R I V N F W
L Z K M I S S O U R I S O K A
R O C C A R K A N S A S R R S
H T U C I T C E N N O C T O H
O Y T I V N A L A S K A H Y I
D N N P S W B T I W Z G D W N
E A E C W I N H N N F U A E G
I I K N O O A E A L E N K N T
S D I S M L W N O M A G O L O
L T R R A M O R A I A H T S N
A K E M E R I R D I M B A T O
N V Y X E D B N A H A W A I I
D D I G A P I E I D A H O L L
P C O H F S T V N Q O N R F A
O N W A N O Z I R A I C U V J
```

◊ ALABAMA   ◊ IDAHO   ◊ NEW YORK

◊ ALASKA   ◊ INDIANA   ◊ NORTH DAKOTA

◊ ARIZONA   ◊ KENTUCKY   ◊ OREGON

◊ ARKANSAS   ◊ LOUISIANA   ◊ RHODE ISLAND

◊ COLORADO   ◊ MISSOURI   ◊ TEXAS

◊ CONNECTICUT   ◊ MONTANA   ◊ VERMONT

◊ FLORIDA   ◊ NEBRASKA   ◊ VIRGINIA

◊ HAWAII   ◊ NEW MEXICO   ◊ WASHINGTON

Seattle Serenade

```
W L E G Y R E V O C S I D P D
H E Y L B E L T T A E S W S R
A E J L F E M E R A L D E J S
L H Q F U M A R L E N A D R P
E W O Q Z H A K C G H Y E K O
M C R S M I I A W A R N V A D
O W P S N B L H W E I U J F U
N P S I E P M K C R Y T N V D
O I E A E O S V A O Z M V G P
R R C K Y M D M O M B O D L E
A H I H T I M S O N Y B N Q P
I P I O N E E R H E W I S U O
L I S T A R B U C K S L G Z P
D R A L L A B N I Y F E O O O
C E C A P S Y J W L T U Y O M
```

◊ ALKI BEACH PARK

◊ BALLARD LOCKS

◊ CHIHULY GLASS

◊ COFFEE

◊ DISCOVERY PARK

◊ EMERALD CITY

◊ GREAT WHEEL

◊ GRUNGE

◊ KENMORE AIR

◊ MARINERS

◊ MONORAIL

◊ MOPOP

◊ MOUNT RAINIER

◊ PIKE PLACE MARKET

◊ PIONEER SQUARE

◊ PUGET SOUND

◊ SEAHAWKS

◊ SEATTLE CENTER

◊ SMITH TOWER

◊ SPACE NEEDLE

◊ STARBUCKS

◊ T-MOBILE PARK

◊ WHALE WATCHING

◊ WOODLAND PARK ZOO

Leading Ladies – Part Two

```
E A I G N C Q I U N F Z K Q Y
D L A R E G Z T I F N E Z L C
E J I A C A C L L O B P M H E
N N V Y G S M H S Q J O L I E
O T M O R O R N I N N L Y S R
M P Y A T E I O D L A S R A K
I F Q Y L K E R V K D V R Q E
S R Z D C R O B E R T S E J A
V V I I B L E C N O Y E B W T
D M D C U A O S L W J G R O O
L D H I A Y C A R R O L L U N
E E A E A R F H R T A Y L O R
I F W L M Z E S U E B L W K Z
F T N U H I G Y B S P N P O V
Z Z O M E O G N O T S I N A C
```

◊ JENNIFER ANISTON

◊ BARBARA BACH

◊ HALLE BERRY

◊ BEYONCE

◊ MARIAH CAREY

◊ DIAHANN CARROLL

◊ JULIA CHILD

◊ CAMERON DIAZ

◊ ANGIE DICKINSON

◊ LINDA EVANS

◊ SALLY FIELD

◊ ELLA FITZGERALD

◊ GOLDIE HAWN

◊ HELEN HUNT

◊ ANGELINA JOLIE

◊ DIANE KEATON

◊ CHERYL LADD

◊ LUCY LIU

◊ JENNIFER LOPEZ

◊ BETTE MIDLER

◊ JULIA ROBERTS

◊ NINA SIMONE

◊ ELIZABETH TAYLOR

◊ LILY TOMLIN

Nation's Capital

```
C D N O T G N I H S A W Z S H
P E N N S Y L V A N I A D P M
D H A C R K L F Z E M A G A O
N O T G N I L R A M W U E C O
N L I I O A E C G E A L P E N
D O O W L L I H A R I W W L L
G C N C Z S E N D P U H K I I
A A A T A M K V O U I N I N G
L U L F M M K C I S V T I C H
L S G B V A O F I T H B O O T
E T R W F Y R T U W U T K L N
R G E O R G E T O W N C I N W
Y R R E H C F H I P C E E M M
T D K T I D A L F N W K R X S
S W H I T E H O U S E A U J E
```

◊ AIR AND SPACE

◊ ARLINGTON

◊ CAPITOL HILL

◊ CHANGING OF THE GUARD

◊ CHERRY BLOSSOMS

◊ FORD'S THEATER

◊ GEORGETOWN

◊ HILLWOOD ESTATE

◊ HOLOCAUST MUSEUM

◊ LINCOLN MEMORIAL

◊ MARTIN LUTHER KING JR. MEMORIAL

◊ MOONLIGHT TOUR

◊ NATIONAL GALLERY

◊ NATIONAL MALL

◊ OLD EXECUTIVE

◊ PENNSYLVANIA AVENUE

◊ POTOMAC

◊ RENWICK GALLERY

◊ SMITHSONIAN

◊ SUPREME COURT

◊ TIDAL BASIN

◊ UNION STATION

◊ WASHINGTON D.C.

◊ WHITE HOUSE

American Brews

```
D N E R U T N E V D A A E N R
Y H O I P O L L O I Y Y D S E
H A U A A R D W O L F V E I G
D R R E D R G S H F R W W E I
D P G P A B S T C S E B S R T
T O K E V S T S G O I O S R U
H O F M O W A M N W T F J A S
I N G R U M P Y E W A S G G M
R H A Y A I L P E B S K M O L
S R R D D K G L H N I R M A D
T B A E O K V L O Y O M A T N
Y M A O G E Q S E G N I Y L F
S S R T U N D F U B C V H M K
P B F Y C A A E Y Q Z C E A C
T D H I B H Y R L F Y P W V N
```

◊ AARDWOLF

◊ ADVENTURE CLUB

◊ ANGRY SCOTSMAN

◊ BAD SONS

◊ BATCH SLAPPED

◊ BLIND TIGER

◊ BROOKLYN

◊ BULL AND GOAT

◊ DOGFISH HEAD

◊ FLYING DOG

◊ GRUMPY OLD MEN

◊ HARPOON

◊ HOI POLLOI

◊ MAD SWEDE

◊ MAYHEW JUNCTION

◊ NEW BELGIUM

◊ PABST BLUE RIBBON

◊ RANGER CREEK

◊ ROGUE ALES

◊ SAM ADAMS

◊ SIERRA NEVADA

◊ THIRSTY GOAT

◊ TORR DISTILLING

◊ TWELVE DEGREES

A Poem as Lovely as a Tree

```
A Y D W E T K N P H V V B R T
M L O D M R P Y O C P O N W H
E L O N L W O Y P E S M O I V
R O W Y Q K V M L E M W H G M
I L G I R G Y O A B P R E A H
C B O E N R P Q R C E P S E B
A O D A O E E Q U D Y L E R T
N L C K G E F B B A A S V K U
Z E C D S N T U K B K V A Q N
P I O R U V D A F C Q I H G L
H L C Q D O O W S S A B N S A
M N Y B T I H O N E Y H Z G W
P M A W S I L R D O U G L A S
E R E G T L O C U S T O B J L
G K F E T I U Q S E M A P L E
```

◊ AMERICAN ELM

◊ BALSAM FIR

◊ BASSWOOD

◊ BEECH

◊ BLACK WALNUT

◊ COMMON HACKBERRY

◊ DOGWOOD

◊ DOUGLAS FIR

◊ GREEN ASH

◊ HONEY LOCUST

◊ LOBLOLLY PINE

◊ LOCUST

◊ LODGEPOLE PINE

◊ MESQUITE

◊ PECAN

◊ POPLAR

◊ QUAKING ASPEN

◊ REDBUD

◊ SHAGBARK HICKORY

◊ SUGAR MAPLE

◊ SWAMP OAK

◊ SWEET GUM

◊ SYCAMORE

◊ WHITE PINE

And The Oscar Goes To – Part Two

```
Y T U A E B T H G I L T O P S
Z B W D W Q R O R E P M E L H
N I S S O F F J T U G D R A C
S A E M I L E Z O L A R K T E
U T M G G L V Q R N L Q C O E
E G H D F G R E E N E P H O P
D C B G R E W W K V E S I N S
A L L W I I L A C D E P C J M
M T A G K L B D O V M B A V S
A Y S C H I N D L E R S G H P
D C M I V Y U O L P V B O M S
Q N I D T K W O O E M B C W J
G F I R J R D C T M F U S P E
F D A M F Y A J Q J K K G V F
I I P A R A S I T E E T B W Q
```

◊ A BEAUTIFUL <u>MIND</u>

◊ AMADEUS

◊ AMERICAN <u>BEAUTY</u>

◊ BIRDMAN

◊ BROADWAY <u>MELODY</u>

◊ CHICAGO

◊ DANCES WITH <u>WOLVES</u>

◊ FORREST <u>GUMP</u>

◊ GOING MY <u>WAY</u>

◊ GREAT <u>ZIEGFELD</u>

◊ GREEN BOOK

◊ HURT <u>LOCKER</u>

◊ LIFE OF <u>EMILE ZOLA</u>

◊ MOONLIGHT

◊ OUT OF <u>AFRICA</u>

◊ PARASITE

◊ PLATOON

◊ SCHINDLER'S LIST

◊ SHAPE OF WATER

◊ SPOTLIGHT

◊ THE ARTIST

◊ THE KING'S SPEECH

◊ THE LAST EMPEROR

◊ TOM JONES

Big D

```
S R A T S A R B O R E T U M Q
I Y J M A Q B L W T O R E P H
X E T R X F P U S T E T S O N
T L L N E R R A W E D Y L K N
H A L R T W V R N R N G C W O
F E A K I H I O S P A M O H I
L D B M O A I N L I M U T I N
O O T I A P F G G F H L T T U
O L O Z M V P E L U C L O E E
R J O D B M E L T I A E N R R
C O F V O R A R O A B J U O G
D N S U E P Y D I S T R I C T
A E H O L R Y A N C E S A K B
Z S T I N O S P N O K H I R A
V A D O L P H U S T S S S L Y
```

◇ ADOLPHUS HOTEL

◇ ARTS DISTRICT

◇ BACHMAN LAKE

◇ JOHN NEELY BRYANT

◇ COTTON BOWL

◇ COWBOYS FOOTBALL

◇ DALLAS ARBORETUM

◇ DEALEY PLAZA

◇ DEEP ELLUM

◇ J.R. EWING

◇ GEORGE W. BUSH LIBRARY

◇ JERRY JONES

◇ KLYDE WARREN PARK

◇ LOVERS LANE

◇ MAVERICKS

◇ PEROT MUSEUM

◇ PIONEER PLAZA

◇ REUNION TOWER

◇ SIXTH FLOOR

◇ STARS

◇ STATE FAIR

◇ STETSON

◇ TEXAS

◇ WHITE ROCK LAKE

Presidents

```
H B N R P P D B N G S H I E P
A A L E S E Y A H E R U U C L
R O O L M S Y T B O D J F I W
D O C Y N N A M U R T I M U G
I V N T J F K D C N Z P B K D
N E I A T S E T A O B A M A L
G R L I G R N M G M B G N N E
E V S D E A N W I L S O N O I
N C D T R E E Z W H O E M S F
Z O R G L O D R Y H S F T I R
Q A S E F G Y B Z I O A U D A
C C S N I E H U H C Y O S A G
H M F Q H P J S S L B H V M V
C L I N T O N H O O T H D E W
E K L O P K J R K W Q J E A R
```

◇ JOHN QUINCY <u>ADAMS</u>

◇ JOE <u>BIDEN</u>

◇ GEORGE <u>BUSH</u>

◇ JIMMY <u>CARTER</u>

◇ BILL <u>CLINTON</u>

◇ JAMES <u>GARFIELD</u>

◇ ULYSSES <u>GRANT</u>

◇ WARREN <u>HARDING</u>

◇ RUTHERFORD B. <u>HAYES</u>

◇ HERBERT <u>HOOVER</u>

◇ ANDREW <u>JOHNSON</u>

◇ JOHN F. <u>KENNEDY</u>

◇ ABRAHAM <u>LINCOLN</u>

◇ JAMES <u>MADISON</u>

◇ JAMES <u>MONROE</u>

◇ BARACK <u>OBAMA</u>

◇ FRANKLIN <u>PIERCE</u>

◇ JAMES <u>POLK</u>

◇ RONALD <u>REAGAN</u>

◇ WILLIAM <u>TAFT</u>

◇ ZACHARY <u>TAYLOR</u>

◇ HARRY <u>TRUMAN</u>

◇ JOHN <u>TYLER</u>

◇ WOODROW <u>WILSON</u>

Bouquet of Flowers

```
D L I W D O R N E D L O G S T
M A I D E N H A I R P J E W R
D Y D E E W E Z E E N S L E U
U T H E Z E T O F G I G D E M
B U T T E R F L Y R S E E T P
G A I L L A R D I A K E R S E
F E N C A Z I L P K J T B P T
I B K O V E R V A I N L E I Y
R S B R E C G L C R O U R R S
E L E E X O L H P B O S R E S
W I R O A W N S E G M C Y C U
E E R P S C O L U M B I N E P
E A Y S T T I H O S S D A W R
D J N I E A A E G N A R D Y H
W G U S R I C A R D I N A L V
```

◊ AMERICAN BEAUTY

◊ ASTER

◊ BLACK-EYED SUSAN

◊ BLUE VERVAIN

◊ BUTTERFLY WEED

◊ CARDINAL FLOWER

◊ COLUMBINE

◊ CORAL BELLS

◊ COREOPSIS

◊ CREEPING PHLOX

◊ ELDERBERRY

◊ FIREWEED

◊ GAILLARDIA

◊ GOLDENROD

◊ HYDRANGEA

◊ INKBERRY

◊ LOBELIA

◊ MAIDENHAIR FERN

◊ PUSSY WILLOW

◊ SNEEZEWEED

◊ SWEETSPIRE

◊ TRUMPET VINE

◊ WILD BERGAMOT

◊ WOODLAND IRIS

Exports – Part One

```
U S V D P L U P D O O W J T J
M T A E H W Y E Q S L E Y I F
U S I B O S P F C A I W U L K
N C K L E H E P M G O O E E G
I I V E G E T A B L E S J R N
M T O U B L R V L A D N M L K
U S T F R L O T E R U L I V S
L A N L E F L G A U R N L W E
A L I A P I E J T T C J K S L
T P R O P S U G H A E G G S G
Z T P C O H M E E N G E W O N
V B S T C U D O R P N O R I I
J Z W S O Y B E A N S I H C H
K Z E R F C O R N I C W I S S
K C N E C I U J N E Z O R F R
```

◊ ALUMINUM

◊ BEEF

◊ BEER

◊ COAL FUEL

◊ COPPER

◊ CORN

◊ CRUDE OIL

◊ EGGS

◊ FROZEN JUICE

◊ IRON PRODUCTS

◊ LEATHER

◊ MILK

◊ NATURAL GAS

◊ NEWSPRINT

◊ PETROLEUM

◊ PLASTICS

◊ RICE

◊ SHELLFISH

◊ SHINGLES

◊ SOYBEANS

◊ VEGETABLES

◊ WHEAT

◊ WINE

◊ WOOD PULP

American Heavy Metal

```
C E D C B B T L Z Y B U I C K
A A T B H A R F E M L A J N E
D E M N E A O O N S U U G F E
I Y Z A O L R J N E D W E I G
L M J E R M A G L C A E I R A
L O A E E O Y I E A O L X E Z
A N N L C T B Y R R I E A B C
C I D T I O T F R E R C L I P
L M R A M B L E R I J I A R O
V A G S Y U U L V Q J R G D N
D C D Z R G P O S R N P H Z I
Y L I M U S T A N G O A P N R
O E A C F P O N T I A C G T O
S B H R E N N U R D A O R U T
Z I M P A L A P I C K U P J E
```

◇ BELAIR

◇ BUICK RIVIERA

◇ CADILLAC

◇ CAMARO

◇ CHEVY CAPRICE

◇ CHEVY MALIBU

◇ CORVETTE

◇ DODGE CHARGER

◇ DODGE DART

◇ EDSEL

◇ EL CAMINO

◇ FIREBIRD

◇ FORD BRONCO

◇ FORD MUSTANG

◇ GALAXIE

◇ GRAN TORINO

◇ IMPALA

◇ MONTE CARLO

◇ OLDSMOBILE DELTA

◇ PLYMOUTH FURY

◇ PONTIAC GTO

◇ RAM PICKUP

◇ RAMBLER

◇ ROAD RUNNER

Miami Nice

```
B S S M T D O O W N Y W A Y A
L D G A I R R P N I T C D E B
N W N E I W O D B C A S I K C
T P I D L P I L C U E U R N B
A R W E O G M E L R H Z O O R
K N O C V L N Y K E V H L M I
A C A P G T P U L C Y L F B C
U V O V U N Q H J O U O E Z K
M K J R A C I B I S C A Y N E
J A I U D H O R H N C N E R L
Q O N E I R D C E H G D F C L
N K J T R O A N O E T E G A N
E D I S Y A B H V N D P U G H
C A L L E O C H O N U O T L C
H B U E N A V I S T A T H Z A
```

◇ BAYSIDE MARKET

◇ BISCAYNE BAY

◇ BRICKELL CENTRE

◇ CALLE OCHO

◇ CENTURION LOUNGE

◇ COCONUT GROVE

◇ DEERING ESTATE

◇ DOLPHIN MALL

◇ FLORIDA

◇ HARD ROCK STADIUM

◇ HEAT

◇ JUNGLE ISLAND

◇ LITTLE HAITI

◇ LITTLE HAVANA

◇ LOAN DEPOT PARK

◇ MIAMI BEACH

◇ MIAMI TROLLEY

◇ MIAMI ZOO

◇ MONKEY JUNGLE

◇ OLYMPIA THEATER

◇ PORT OF MIAMI

◇ UPPER BUENA VISTA

◇ WINGS OVER MIAMI

◇ WYNWOOD WALLS

Old Hollywood Icons

```
I  B  B  E  D  C  A  G  N  E  Y  U  J  R  H
H  A  Y  W  O  R  T  H  M  U  W  H  D  E  Z
P  V  U  Q  P  K  T  R  J  N  J  V  R  P  O
Q  Z  U  G  E  N  T  G  A  G  S  S  O  O  B
W  C  J  A  A  F  O  Q  N  G  A  S  F  O  Y
S  D  P  R  I  D  M  O  N  R  O  E  W  C  H
O  H  G  L  N  S  D  W  U  P  R  B  A  R  Y
P  E  C  A  O  S  Z  M  O  I  P  R  R  E  Y
Y  P  R  N  S  T  M  I  A  L  T  L  C  N  H
L  B  T  D  D  E  I  T  C  D  R  L  V  D  W
L  U  U  Q  U  W  S  C  P  C  O  A  H  R  D
E  R  K  K  H  A  S  H  B  T  G  C  H  A  E
K  N  C  M  Y  R  G  U  C  H  E  A  Q  G  A
I  E  E  U  M  T  B  M  B  S  R  B  J  J  N
P  Z  M  G  A  B  L  E  T  O  S  M  Y  G  O
```

◊ FRED ASTAIRE

◊ LAUREN BACALL

◊ HUMPHREY BOGART

◊ MARLON BRANDO

◊ JAMES CAGNEY

◊ MONTGOMERY CLIFT

◊ GARY COOPER

◊ JOAN CRAWFORD

◊ JAMES DEAN

◊ CLARK GABLE

◊ AVA GARDNER

◊ JUDY GARLAND

◊ CARY GRANT

◊ JEAN HARLOW

◊ RITA HAYWORTH

◊ KATHARINE HEPBURN

◊ ROCK HUDSON

◊ GRACE KELLY

◊ ROBERT MITCHUM

◊ MARILYN MONROE

◊ GREGORY PECK

◊ GINGER ROGERS

◊ JIMMY STEWART

◊ SPENCER TRACY

Sing Out Louise – Part Two

```
H O Y N F T A R T E O V R I E
N E M O W P C U O D I I B E C
W R A G T I M E Q G A G Y H A
L S Y A W A N U R F E F O C I
H E I W N E R Z E E B R T O O
I B G A U N S T M G U T S L B
L G M A W O A T M S N E L F D
V O I M L T Y P S C T E I M Z
W Y G G S L O C R I H D Q K U
T E S Y A V Y D R E D B N B A
A O W N R O U G E L T E P M Q
H J O N W I C K E D Z E M F G
P L N U M G K R C P C A P N O
O A K F O K L A H O M A J O E
T P A C H O R G N I P E E L S
```

- ◊ BOOGIE NIGHTS
- ◊ CHORUS LINE
- ◊ FIDDLER ON THE ROOF
- ◊ FUNNY GIRL
- ◊ GIGI
- ◊ HELLO, DOLLY!
- ◊ LEGALLY BLONDE
- ◊ LITTLE WOMEN

- ◊ MAMMA MIA!
- ◊ MOULIN ROUGE
- ◊ OKLAHOMA!
- ◊ PAINT YOUR WAGON
- ◊ PAL JOEY
- ◊ PETER PAN
- ◊ PRETTY WOMAN
- ◊ RAGTIME

- ◊ RUNAWAYS
- ◊ SLEEPING BEAUTY
- ◊ STATE FAIR
- ◊ TOP HAT
- ◊ WEST SIDE STORY
- ◊ WICKED
- ◊ WILL ROGERS
- ◊ WILLY WONKA

American Doo-Wop

```
C Q F H S E L L E R I H S B S
O R B I S O N S I M B Y Y O U
A T Q Q H D L V P Z V U R C P
S E R U T N E V G O T F R V R
T D T H P R T A J G T I E S E
E R R D S Z G O N U C R B Z M
R A H M R Y O N A K N O U N E
S H M S L A I R E P M I E O S
R C A M O S N T O N I M O D F
S I V B D B S E O S R O E R J
D R I F T E R S L E S P I H S
M E E L O F K O D S I W Y R T
S I W E L E P N W C O O K E T
S Y L V I A E W B N C N L Q E
U G O K P F Y E L S E R P E K
```

◊ CHUCK <u>BERRY</u>

◊ JAMES <u>BROWN</u>

◊ SAM <u>COOKE</u>

◊ DANNY AND THE <u>JUNIORS</u>

◊ FATS <u>DOMINO</u>

◊ JAN AND <u>DEAN</u>

◊ BRENDA <u>LEE</u>

◊ JERRY LEE <u>LEWIS</u>

◊ LITTLE <u>RICHARD</u>

◊ MICKEY AND <u>SYLVIA</u>

◊ RICKY <u>NELSON</u>

◊ ROY <u>ORBISON</u>

◊ ELVIS <u>PRESLEY</u>

◊ JOHNNY <u>RIVERS</u>

◊ THE <u>COASTERS</u>

◊ THE <u>CRICKETS</u>

◊ THE <u>DRIFTERS</u>

◊ THE <u>FENDERMEN</u>

◊ THE <u>FOUR TOPS</u>

◊ THE <u>IMPERIALS</u>

◊ THE KINGSTON <u>TRIO</u>

◊ THE <u>SHIRELLES</u>

◊ THE <u>SUPREMES</u>

◊ THE <u>VENTURES</u>

City by the Bay

```
K S K A E P N I W T U T O G B
D T U P E T E R U I S E D I G
R R P F Z R E D Y H S L E A O
A A S Q U A R E J V P E Y N L
B E I T Q I J C V A A G O T D
M N V N S L A Q N L M R U S E
O I R N R B G D B L P A N E N
L F Y B L O W R E E A P G L G
N V N E R P F K A Y N H J C A
Q C W O V I K I D N I L K A T
D Z N W M R W B L W T E B R E
F O H I O H A Z A A O H G O J
H T H M A N R H E K C N G J O
B A R R D N A I S A E O S H E
U H F C A N N E R Y M R C L W
```

- ◊ ASIAN ART MUSEUM
- ◊ CABLE CAR
- ◊ CALIFORNIA
- ◊ DE YOUNG MUSEUM
- ◊ FINE ARTS PALACE
- ◊ FISHERMAN'S WHARF
- ◊ FORT BAKER
- ◊ GIANTS

- ◊ GOLDEN GATE BRIDGE
- ◊ GRANT AVENUE
- ◊ HARVEY MILK
- ◊ HYDE STREET PIER
- ◊ LANDS END TRAIL
- ◊ LEGION OF HONOR
- ◊ LOMBARD STREET
- ◊ NAPA VALLEY

- ◊ ORACLE PARK
- ◊ OSHE RAINFOREST
- ◊ SAINTS PETER AND PAUL
- ◊ TELEGRAPH HILL
- ◊ THE CANNERY
- ◊ TWIN PEAKS
- ◊ UNION SQUARE
- ◊ USS PAMPANITO

Lawmen and Lawbreakers

```
A E R S N O I L L U B N O H J
U A H S G W Y Q T H A U N J J
O C Z A E B T S Y E O U A J C
E K W B I L I P B M K R G T A
G Y V L V W M E C N A D N U S
H A L M D K A A S O A T O T S
O Y R D U B L R N L J B L W I
L Z W R R V A P T Z O M L K D
L G S O E K C O L L U B N Y Y
I S U V U T N A K O K C I H D
D I T L R B T D W K E T C N S
A B L A J E S A M O H T E W E
Y Y M R R F H M F B B E W O M
J S V T M R F S Y S C L U R A
D C A I V Z E C A L L A W B J
```

◊ JOHN HICKS ADAMS

◊ BURT ALVORD

◊ SAM BASS

◊ JUDGE ROY BEAN

◊ BILLY THE KID

◊ HENRY NEWTON BROWN

◊ LAURA BULLION

◊ SETH BULLOCK

◊ CALAMITY JANE

◊ BUTCH CASSIDY

◊ BOB DALTON

◊ WYATT EARP

◊ PAT GARRETT

◊ WILD BILL HICKOK

◊ DOC HOLLIDAY

◊ TOM HORN

◊ JESSE JAMES

◊ TOM LONGAN

◊ JOHN SELMAN

◊ BELLE STARR

◊ SUNDANCE KID

◊ HECK THOMAS

◊ BIGFOOT WALLACE

◊ JOHN JOSHUA WEBB

Batter Up

67

```
Q S J S V S Z S V Y O P U S F
T R S L P T S Y L B P C P L Y
O E L A F E E D A P P S E M
O W A N D M V Y E O Y V A G A
O E N I Z S A I B K D O G N R
C R O D O E R P V K N G R A L
S B I R N G B R W Z O A E J I
E C T A J C O H T H S T Y R N
T S A C W C I M P C R H Y R S
A B N S K T X P U C E L A A T
R U L I E E O B I T G E Z Y I
I W E S W R S K W D N T M S G
P S O C Y T D S T N A I G E E
A X I H A U E A M W R C C V R
E S E L O I R O P Y U Q O Y S
```

◊ ATLANTA BRAVES

◊ BALTIMORE ORIOLES

◊ BOSTON RED SOX

◊ BREWERS

◊ CARDINALS

◊ CHICAGO CUBS

◊ CHICAGO WHITE SOX

◊ COLORADO ROCKIES

◊ DETROIT TIGERS

◊ DODGERS

◊ GIANTS

◊ HOUSTON ASTROS

◊ KANSAS CITY ROYALS

◊ LOS ANGELES ANGELS

◊ MIAMI MARLINS

◊ MINNESOTA TWINS

◊ NATIONALS

◊ NEW YORK METS

◊ NEW YORK YANKEES

◊ OAKLAND ATHLETIC

◊ PIRATES

◊ SAN DIEGO PADRES

◊ TAMPA BAY RAYS

◊ TEXAS RANGERS

Men Shapers

```
N O S R E F F E J G M A N T M
T H Q J K J K R A W R I G H T
J V W T W L A T M O R S E G N
O C L R A F E I R Q B M B O Z
C O E S R S S W I J K B F O U
C Q R W H M N T T P R R S D Y
V L E F O Y W O O J A D T Y L
M S E C L A E H S N L E E E E
U P D N I F N L K I C E C A W
L A O N L E F L S E D S U R I
Y I F A D O I D I E L E M C S
H N F D Y N C P E O R L S M R
R E I R R A C N E R J P E U J
B L A M Q M V I I N J P H I S
G S M A D A C N H L N A O R G
```

◊ ANSEL ADAMS

◊ JOHNNY APPLESEED

◊ WILLIS CARRIER

◊ WILLIAM CLARK

◊ SAMUEL COLT

◊ JOHN DEERE

◊ THOMAS EDISON

◊ BEN FRANKLIN

◊ BILL GATES

◊ JOSEPH GLIDDEN

◊ CHARLES GOODYEAR

◊ THOMAS JEFFERSON

◊ MERIWETHER LEWIS

◊ ABRAHAM LINCOLN

◊ SAMUEL MORSE

◊ JOHN MUIR

◊ THOMAS PAINE

◊ WILLIAM PENN

◊ ELVIS PRESLEY

◊ JONAS SALK

◊ TECUMSEH

◊ MARK TWAIN

◊ ANDY WARHOL

◊ ORVILLE WRIGHT

If The Creek Don't Rise – Part Two

```
F A R I C E N I C I D E M E T
S I C N A R F T S I O U X P P
C I T S Y M V O S V E N T R E
D E F E N A C I R R U H R Y D
H L O O P A K C I K F E A S E
A T O S A V A N L O E U W A R
C S Q B R H S Z U N G D A N N
K A L F E L A R K U S Y N G A
E C J Z B A C H A T R P I A L
N K O D J H V E E J E Y K B E
S C F R E T T E N N K Z C R S
A O A D Y A Q E R L N L A I R
C R P O H O P O C O I I M E Z
K D U C K A B U S H T A M L E
H D S A L L E G H E N Y J W D
```

◊ ALLEGHENY
◊ BEAVER CREEK
◊ BELLE FOURCHE
◊ BIG SIOUX
◊ CHATEAUGUAY
◊ DUCKABUSH
◊ FORKED DEER
◊ GROS VENTRE

◊ HACKENSACK
◊ HURRICANE CREEK
◊ JAIL BRANCH
◊ KICKAPOO
◊ MACKINAW
◊ MEDICINE BOW
◊ MINNEHAHA CREEK
◊ MYSTIC

◊ NAVASOTA
◊ PEDERNALES
◊ POHOPOCO CREEK
◊ ROCKCASTLE
◊ SAN GABRIEL
◊ ST. FRANCIS
◊ TINKERS
◊ WOUNDED KNEE

Heirs and Heiresses

```
H Y T W A B R R F K S U R J S
A S T O R Y P W T Z G D E T Z
T E L E O G O F O A D A N H S
W H I T N E Y N T B E L T A R
A E V Z G V O N U J J Y I W E
L A W R U T O R S N E V E T S
C R S W L M K L R R R G L R Z
O S G I B E C D E H E N J R C
O T H K N Y Z S G T L D E R K
P F R T G G A Q T J L G U E M
E W J C V H E Y E A I I N A B
R E I H C T I R U F S N R A L
R Q S K K J O R L E E T K I E
C T F N U M E I E D I E M G W
T K E W E N H L Y N R L N P V
```

◊ CARRIE <u>ASTOR</u>

◊ WINIFREDE <u>BAKER</u>

◊ MAUD ALICE <u>BURKE</u>

◊ CHEVY <u>CHASE</u>

◊ ANDERSON <u>COOPER</u>

◊ SURI <u>CRUISE</u>

◊ HATTI <u>DALY</u>

◊ BALTHAZAR <u>GETTY</u>

◊ MAY <u>GOELET</u>

◊ ALLY <u>HILFIGER</u>

◊ AMANDA <u>HEARST</u>

◊ PARIS <u>HILTON</u>

◊ JENNIE <u>JEROME</u>

◊ ROBERT <u>KENNEDY</u>

◊ AERIN <u>LAUDER</u>

◊ DYLAN <u>LAUREN</u>

◊ MARGARET <u>LEITNER</u>

◊ CORNELIA <u>MARTIN</u>

◊ CONSUELO <u>MONTAGU</u>

◊ NICOLE <u>RITCHIE</u>

◊ WINNARETTA <u>SINGER</u>

◊ MINNIE <u>STEVENS</u>

◊ BEATRICE <u>THAW</u>

◊ GERTRUDE <u>WHITNEY</u>

Mile High Heaven

```
B F J M E O W W O L F T I D P
R E H D M L T D O B N Q Q W L
E W G Y Z O A S N I K L U A C
W I I Q W R T Q M E E F R Y T
E R H T O B S S H V A T V A O
R R E D A T U H A R N R T V H
Y A L V Y W C N E E O T C B A
D E I J N T S M C G E O O C N
R B M S I E I U E R L U F O E
O E R L J R D R E F L C I L R
F U E O A R G D A D H T J O A
F L K L N C G X E E A E Y R L
Y B R O M C V R R T C J K A L
L Z O D N O O R S H O P Q D A
C U Y O E W Y S O Q G I H O B
```

◊ BALL ARENA

◊ BOULDER

◊ BRONCOS

◊ CAULKINS OPERA HOUSE

◊ CENTRAL CITY

◊ CHERRY CREEK

◊ CLYFFORD STILL

◊ COLFAX AVENUE

◊ COLORADO

◊ COORS BREWERY

◊ DENVER

◊ ECHO LAKE

◊ ELDORADO CANYON

◊ ELITCH GARDENS

◊ LARIMER SQUARE

◊ LODO HISTORIC

◊ MCGREGOR SQUARE

◊ MEOW WOLF DENVER

◊ MILE HIGH STADIUM

◊ MOUNT EVANS

◊ TATTERED COVER

◊ THE BLUE BEAR

◊ UNION STATION

◊ US MINT

Powerful Women

```
O L L A H S R A M T O I V I N
O Q Z R S N D M S U B C D Q S
Z H N Q E R V G A R A E I Y M
S A N N O W A N O H M W N A I
G R K F Y T E Y E J A G R S F
I R R I C H A R D S A R L T P
L I E D G M E N B L A R G D B
B S P I O B M R E B T E A N A
E T F T S B U S H R Q K T E G
R O O E Q O W L U V L R K R A
T S C L D K L J N L D A I H T
J I F H G R C E G Y G W W A E
R A L L R E D U P E R K I N S
W P Z P Z R M C B R I D E I P
V O S M A I L L I W E R A T A
```

◊ ANGELA AHRENDTS

◊ GLORIA ALLRED

◊ ELIZABETH ARDEN

◊ MARY BARRA

◊ ROSALIND BREWER

◊ MICHELE BUCK

◊ CORI BUSH

◊ BETH FORD

◊ MELINDA GATES

◊ MELISSA GILBERT

◊ KATHARINE GRAHAM

◊ KAMALA HARRIS

◊ CYNTHIA MARSHALL

◊ SARAH MCBRIDE

◊ MICHELLE OBAMA

◊ NANCY PELOSI

◊ FRANCES PERKINS

◊ CONDOLEEZZA RICE

◊ ANN RICHARDS

◊ SONIA SOTOMAYOR

◊ SONIA SYNGAL

◊ MADAM C.J. WALKER

◊ ELIZABETH WARREN

◊ GEISHA WILLIAMS

Exports – Part Two

```
T T S Y Q H J R M Y E L R A B
F C K U I M E T A L S S Z A K
A T O B A C C O C P C F U D Y
R K O Z T J V E H I C L E G F
C Y B C M B E L I T X E T R P
E V N M I Z R V N O Q D U J U
C T F U D T S H E G Y I A A L
A R T H C U A G R G T I L A P
P U F G O L D M Y R N G C F W
S C A R H W E I S B O I T B O
Q K R O G E M A S I D O W W O
H S C S Q L J P R E M A L E D
M A R I N E A Z M S G U R F S
M W I Z J U N S E N G I N E S
D I A M O N D S S G E Z P I K
```

- ◊ AIRCRAFT
- ◊ BARLEY
- ◊ BOOKS
- ◊ ENGINES
- ◊ FLOOR TILES
- ◊ FRUIT
- ◊ GEM DIAMONDS
- ◊ MARINE ENGINES

- ◊ MEDICAL MATERIAL
- ◊ NON-MONETARY GOLD
- ◊ NUCLEAR FUEL
- ◊ NUMISMATIC COINS
- ◊ PHOTO MACHINERY
- ◊ PLATE GLASS
- ◊ PRECIOUS METALS
- ◊ PULP WOOD

- ◊ RUGS
- ◊ SEWING MACHINES
- ◊ SORGHUM
- ◊ SPACE CRAFT
- ◊ TEXTILE SUPPLIES
- ◊ TOBACCO
- ◊ TRUCKS
- ◊ VEHICLE PARTS

He's Gone Country

```
N U K H D S K G J B B Z N Y T
O N U C E G N D F R K A K T J
S U V N G U K K O Q E C Z T T
K Q O T O E K O C D Y I P I R
C J P Y I J K D L A E S S W A
A H N T E S M A I L L I W T V
J P H S N I B B O R S B T B I
S N E W O H J F E T I L L I S
Y K E R B U E N A R A I B O S
L H N E L S O N T D P F E H F
B D R A G G A H K R O G E R S
A U K S A M G Y I N M L G S L
S W R W W N C C N N T M I V H
T I A R T S E E S O C L L Z H
R Y E N S E H C N Y J T L J N
```

- ◊ JASON <u>ALDEAN</u>
- ◊ CHET <u>ATKINS</u>
- ◊ CLINT <u>BLACK</u>
- ◊ GARTH <u>BROOKS</u>
- ◊ KENNY <u>CHESNEY</u>
- ◊ VINCE <u>GILL</u>
- ◊ MERLE <u>HAGGARD</u>
- ◊ ALAN <u>JACKSON</u>

- ◊ GEORGE <u>JONES</u>
- ◊ TOBY <u>KEITH</u>
- ◊ WILLIE <u>NELSON</u>
- ◊ BUCK <u>OWENS</u>
- ◊ BRAD <u>PAISLEY</u>
- ◊ RAY <u>PRICE</u>
- ◊ MARTY <u>ROBBINS</u>
- ◊ KENNY <u>ROGERS</u>

- ◊ BLAKE <u>SHELTON</u>
- ◊ GEORGE <u>STRAIT</u>
- ◊ MEL <u>TILLIS</u>
- ◊ RANDY <u>TRAVIS</u>
- ◊ CONWAY <u>TWITTY</u>
- ◊ PORTER <u>WAGONER</u>
- ◊ HANK <u>WILLIAMS</u>
- ◊ FARON <u>YOUNG</u>

St. Louis Blues

```
J H I R U O S S I M D Y Y K Q
E Y P A E Y G U L F A C L O U
W U F W E T E O Y W I E C B E
E U D L N N O K E G E K H K L
L Y N I E P K T A N Q S E R O
N A U V T A A M O Z T J S A A
H H L I T G S L P N T Z S L L
U T A C E E M L A F T Q O C A
W R C P Y A H R A R M R K O R
P O I M A N G N R N T N U Q D
O L N W F T P B A R I N N O E
W L A O A L E F I T S D E I H
E E T E L E P H O N E Q R C T
L Y O C O U R T H O U S E A A
L Z B O K R U E O C E V E R C
```

◊ BOTANICAL GARDEN

◊ CARDINALS

◊ CENTRAL WEST END

◊ CHESS HALL OF FAME

◊ CIVIL WAR MUSEUM

◊ CREVE COEUR LAKE

◊ GATEWAY ARCH

◊ GRANT'S FARM

◊ HANLEY HOUSE

◊ JEWEL BOX

◊ LAFAYETTE SQUARE

◊ LEWIS AND CLARK

◊ LONE ELK PARK

◊ MISSOURI

◊ OLD CATHEDRAL

◊ OLD COURTHOUSE

◊ POWELL SYMPHONY

◊ ST. LOUIS ZOO

◊ STIFEL THEATRE

◊ TELEPHONE MUSEUM

◊ THE LOOP

◊ THE MAGIC HOUSE

◊ THE PAGEANT

◊ TROLLEY CARS

Famous and Infamous

```
E D M N C C C W T Z J F B R R
O C J V A O T E I D E E U P L
R D D S L N F W D S E V I D T
N B H B E F O D O T O C A S D
O E E G U Q P S G O S U P H T
M R U B G Y L S N P D R S L C
T N B R A D Y T I H E W E A X
M S M C A I H E Y S O V A I D
I T M L S O L E L Z E J R R S
L E N I R B N E K S G D E U D
K I J P E O Y B O I N N M D I
N N E R H W P O S E N U Z D H
V D G M Z G R D H E Z G Q J T
S P R I N G E R J N A G O H Q
S T D R A H N R A E T W A I N
```

- ◊ CARL BERNSTEIN
- ◊ HONEY BOO BOO
- ◊ TOM BRADY
- ◊ WARREN BUFFET
- ◊ JOHNNY CASH
- ◊ CESAR CHAVEZ
- ◊ STEPHEN COLBERT
- ◊ DALE EARNHARDT

- ◊ JIMI HENDRIX
- ◊ HULK HOGAN
- ◊ CAITLYN JENNER
- ◊ MAGIC JOHNSON
- ◊ BILLIE JEAN KING
- ◊ HARVEY MILK
- ◊ MARILYN MONROE
- ◊ TED NUGENT

- ◊ ELVIS PRESLEY
- ◊ TEDDY ROOSEVELT
- ◊ JOHN PHILIP SOUSA
- ◊ STEVEN SPIELBERG
- ◊ JERRY SPRINGER
- ◊ JIM THORPE
- ◊ MARK TWAIN
- ◊ BOB WOODWARD

Lady Sings the Blues – Part One

```
Y E M W M G I Y K S S O R Q N
Y A C K P E Z Z R W Y I F L L
Q A D N I C K S E H J R K E I
O J N L O C Y H M E P R N D P
O N I N M Y O Y M A A I C A L
E S C Z O C E J U U L U R I Y
H O Y W L D A B S C I T U N N
F H L E T C A S M O O M K A I
O G C C K Z M M T N L C C F L
U C H S E M T C F F R B I E K
Y E O P N Z P F I J Y R W T N
R N O N G L H H W W W I R S A
O L Y S R A E P S N T D A P R
H L P A G E G U C R J E W L F
L Y S S Q E Q A D J Y E R A C
```

◊ BEYONCE

◊ MARIAH CAREY

◊ CHER

◊ PATSY CLINE

◊ DORIS DAY

◊ BILLIE EILISH

◊ ARETHA FRANKLIN

◊ LADY GAGA

◊ LATOYA JACKSON

◊ ALICIA KEYS

◊ ALISON KRAUSS

◊ JENNIFER LOPEZ

◊ LORETTA LYNN

◊ MADONNA

◊ MARTINA MCBRIDE

◊ STEVIE NICKS

◊ PATTI PAGE

◊ DOLLY PARTON

◊ DIANA ROSS

◊ BRITNEY SPEARS

◊ GWEN STEFANI

◊ DONNA SUMMER

◊ TAYLOR SWIFT

◊ DIONNE WARWICK

Model Behavior

```
N O S N I K C I D T I N W E C
T O F C W D S B G R A H A M J
T R E B R E G R E N N E J M E
E J O O N V Z P F V O Y N Q N
C I G N A R A C N A E A O Y O
W A I T O A E R Q L S R T F S
A D Q M E T H E K L D C P Y R
F S E H A T T N J E M R U L E
Q D U C N N I U O T H A L L H
S L R W K R I B H T N W S Y P
S E A B B E K I N A O F K F C
O I N D W G R E S C M O N L A
L H Y Y D H U B O P R R A H M
K S H A D I D E N V A D B N K
W B D N A L E R I E H A G G W
```

- ◊ TYRA BANKS
- ◊ HAILEY BIEBER
- ◊ CHRISTIE BRINKLEY
- ◊ GIA CARANGI
- ◊ CINDY CRAWFORD
- ◊ BROOKLYN DECKER
- ◊ JANICE DICKINSON
- ◊ FARRAH FAWCETT

- ◊ KAIA GERBER
- ◊ ASHLEY GRAHAM
- ◊ GIGI HADID
- ◊ JERRY HALL
- ◊ ANGIE HARMON
- ◊ LAUREN HUTTON
- ◊ CHANEL IMAN
- ◊ KATHY IRELAND

- ◊ KENDALL JENNER
- ◊ DAKOTA JOHNSON
- ◊ KARLIE KLOSS
- ◊ CHERYL LADD
- ◊ ELLE MACPHERSON
- ◊ BROOKE SHIELDS
- ◊ KATE UPTON
- ◊ AMBER VALLETTA

Baltimore

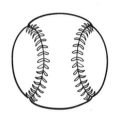

```
Z O Y T N A L P R E W O P J S
M S R P Y T K W T R M N A E B
A P N I E L Y R A Z E C G W A
R V E E O Y A V O D L R O I B
Y O H R E L E T M Y P A D S E
L K C P W N E A I G A B A H R
A S M D S F C S S J V L W L U
N R A I T A X I H N I G E D T
D O L S U D C A L D L X P O H
V T U C W C M A L R I C E O I
Z S W O S P I R S N O Q A W H
L S L V D L O R G I N F B R J
V U S E O W L T Y C N E O E Y
R P N R P J O E V L B O D H Y
P E R Y A N M D F H W F Y S I
```

◊ BABE RUTH MUSEUM

◊ CAMDEN YARDS

◊ CRAB CAKES

◊ FELLS POINT

◊ FORT MCHENRY

◊ HAMPDEN

◊ HORSESHOE CASINO

◊ JEWISH MUSEUM

◊ LEXINGTON MARKET

◊ LITTLE ITALY

◊ LYRIC OPERA HOUSE

◊ MARYLAND

◊ ORIOLES

◊ PAGODA

◊ PEABODY LIBRARY

◊ PIER SIX PAVILION

◊ PORT DISCOVERY

◊ POWER PLANT

◊ RAVENS

◊ ROYAL FARMS ARENA

◊ SHERWOOD GARDENS

◊ TOP OF THE WORLD

◊ USS TORSK

◊ WATER TAXI

American Wineries

```
H D S R G Y I N O G I R R A D
I R Z D A F I R E S I D E P U
R I O R Q B H L N C F E D N T
Q B T Y S K A B E E R R A C C
U S K N A T Z R T L I O S R H
A Z P E K P F R N L C M S O M
D C E L G C E I Y A H T O T A
Y D O P O A H G R R E L R E N
Y F A L H L T E A S T I K A Q
J F I U T A F I V S T B I U M
L N O Q G F N C R E E K C X D
A O N R L U T I J E B D F U Z
I A K O C S S B A Q H U G I N
O W W O L E L T Z H W C J D N
R G E T S O I L A R K K V E B
```

◊ ALTA COLINA

◊ ARRIGONI

◊ AUGUSTA VIN

◊ BEAR CREEK

◊ BILTMORE

◊ CADUCEUS CELLARS

◊ CAT N BIRD

◊ CLOS PEGASE

◊ CROTEAUX

◊ DUCK WALK

◊ DUTCHMAN FAMILY

◊ FIRESIDE

◊ FOLKTALE

◊ FORCE MAJEURE

◊ FRICHETTE

◊ HERITAGE

◊ LUNA ROSSA

◊ QUADY NORTH

◊ ROUND BARN ESTATE

◊ SOKOL BLOSSER

◊ STRAY GRAPE

◊ TANK GARAGE

◊ WOLFFER ESTATE

◊ ZEPHANIAH FARM

American Beauty

```
R E P S K C U D M A G K J O M
Z Q B L N W O T A N I H C A L
V P S T B V Z Z M O R N P T M
N O T T O C A V E D L L S U J
I T Z T O L K D R O E M U N E
F A C M E Y O T I N T T G A V
O T P A M R R S C U S L A E M
L O R P R T N R A T Y S R P B
I D K O L N Y U E A A A A L O
A Z G P P E A W N B D U O Q H
G O M W J I F T N Y W S I Z R
E G B B G V C A I R S A U J F
N I K P M U P R M O P G R L D
Q V A L L E Y B M M N E N T F
U E R A I R E R I P M A V A S
```

◇ AMERICAN <u>VAMPIRE</u>

◇ <u>APPLE</u> FESTIVAL

◇ <u>AZALEA</u> QUEEN

◇ <u>BRATWURST</u> QUEEN

◇ <u>CARNATION</u> QUEEN

◇ CHERRY <u>BLOSSOM</u>

◇ <u>CHINATOWN</u> USA

◇ CONCHO <u>VALLEY</u>

◇ <u>COTTON</u> QUEEN

◇ FLAMING <u>FOLIAGE</u>

◇ GUEYDAN <u>DUCKS</u>

◇ HAWAIIAN <u>TROPIC</u>

◇ <u>MAPLE</u> FESTIVAL

◇ MISS SWEATER <u>GIRL</u>

◇ MRS <u>AMERICA</u>

◇ NATIONAL <u>DONUT</u>

◇ <u>PEANUT</u> FESTIVAL

◇ <u>PUMPKIN</u> QUEEN

◇ RAILROAD <u>DAYS</u>

◇ <u>RODEO</u> AMERICA

◇ <u>SAUSAGE</u> QUEEN

◇ <u>STRAWBERRY</u> QUEEN

◇ <u>SUGAR</u> CANE QUEEN

◇ SWEET <u>POTATO</u>

The Boys Have It

```
L A P J Z O S A L L A D B P H
L O D G F W F S H L F C R V X
K S G M Q D S B I U H M Y M I
R H K A N N A N B B D Y C F N
E E R C N T C Y F N B S E I E
L R E O G O D N T Y G N O D O
Y I N N L Y E J C O O A E N H
T D A N O D K U Y L N N R L P
L A O B M N N S G S V H O Y A
C N T C A I O T N E R R A W G
J E K P S T S I R T N D R O Y
B Y N O O S K N O M P E I B S
I B N Y N U C A R S O N L D H
J E E S A A A O R L A N D O K
R D D I D W J Y H Y I V H V N
```

◊ AUSTIN, TEXAS

◊ BOYD, TEXAS

◊ BRYCE, UTAH

◊ CARSON, NEVADA

◊ CODY, WYOMING

◊ DALLAS, TEXAS

◊ DAYTON, OHIO

◊ DENVER, COLORADO

◊ EUGENE, OREGON

◊ GARY, INDIANA

◊ HUDSON, NEW YORK

◊ JACKSON, WYOMING

◊ JUSTIN, TEXAS

◊ LINCOLN, NEBRASKA

◊ LOGAN, UTAH

◊ MACON, GEORGIA

◊ MASON, OHIO

◊ ORLANDO, FLORIDA

◊ PHOENIX, ARIZONA

◊ RENO, NEVADA

◊ SHERIDAN, WYOMING

◊ TYLER, TEXAS

◊ WARREN, MICHIGAN

◊ WAYNE, NEW JERSEY

```
N I L K N A R F A R E S O B N
J Q M K E R L W A W J Q D O B
E S N U O S S E R P X E T M H
Z O S S S P Y L I V E S Z J O
M R E V E E X J T N A J Y A L
G S D N Y S U E F E O A I L L
F E L V E T A M A P F R E E Y
A I J F K A T T H C F G T A W
S Q R P C D I O M A O Z U H O
H G S E U I S F P L Y T F M O
I E V C B U Y Z A I O D K G D
O R P U I M C N F R A R E N A
N M G Z J O D M B V E R O N Z
W A H E R I T A G E K E Y B E
H N I Y V V M O T H U R B E R
```

◊ AUTO MUSEUM

◊ BUCKEYES

◊ EASTON TOWN

◊ EXPRESS LIVE

◊ FRANKLIN PARK

◊ GERMAN VILLAGE

◊ HAYDEN FALLS

◊ HERITAGE SQUARE

◊ HOLLYWOOD CASINO

◊ LEGOLAND

◊ MAPFRE STADIUM

◊ MUSEUM OF ART

◊ NATIONWIDE ARENA

◊ OHIO EXPO CENTER

◊ OHIO FIRE MUSEUM

◊ OHIO STADIUM

◊ PARK OF ROSES

◊ PLATFORM BEER

◊ POLARIS FASHION

◊ SCIOTO MILE

◊ SHADOWBOX LIVE

◊ SHORE NORTH ARTS

◊ THURBER HOUSE

◊ TOPIARY GARDEN

Jewel Tones

```
C C O E I W E T O D I R E P Y
R H O D O C H R O S I T E H B
Z E N A I P T F J R D J L E U
A Q P J V E P O R Y P D N S R
H M T S E B E R Y L P O H Y W
S B E B A T T I F M T E S L D
P E M T I J I E J S L K A N C
H Q T A H X Y M N L U S O I A
A Y U I L Y B U O R Q M G R L
L L A A Z A S I Q L A R O C C
E L U J R N C T T I O G V W I
R P A V V T U H D E J D N Y T
I D R P L T Z K I A G A T E E
T E S I O U Q R U T L R A E P
E B D T W I N S G S E Z Z L O
```

◊ AGATE

◊ AMETHYST

◊ BERYL

◊ BIXBITE

◊ CALCITE

◊ CORAL

◊ DIAMOND

◊ DOLOMITE

◊ GARNET

◊ JADE

◊ JASPER

◊ KUNZITE

◊ MALACHITE

◊ OPAL

◊ PEARL

◊ PERIDOT

◊ PYROPE

◊ QUARTZ

◊ RHODOCHROSITE

◊ RUBY

◊ SHELL

◊ SPHALERITE

◊ SUNSTONE

◊ TURQUOISE

One for the Books

```
D V R D L I H C W V R N S C F
P U R D K E E P E R N O M K B
R E H C T A C D Y I P M N T G
E F S A E E R T F G F I R I T
D A V I N C I H L M H C V I J
R U H N E B T N O T Y E P O F
Z V U A A R U V W R L L D K
H G N D R I T J E F K A N L C
D B G W J S F D L Z F I G Y A
F D E B I O M A Y F W I Q Z L
U J R D H M P D U T R F W E B
D T E U P S F R L L E W G H Y
N R E O L O G Z D A T M R C W
S T R Y E C P I R D E D N A L
R S K A H T Z A F M T P H L L
```

◊ A CHILD CALLED "IT"

◊ BEN-HUR

◊ BLACK BEAUTY

◊ CHARLOTTE'S WEB

◊ COSMOS

◊ FEAR OF FLYING

◊ GONE GIRL

◊ GONE WITH THE WIND

◊ HUCKLEBERRY FINN

◊ MY SISTER'S KEEPER

◊ OUTSIDERS

◊ PEYTON PLACE

◊ THE CATCHER IN THE RYE

◊ THE DA VINCI CODE

◊ THE EAGLE HAS LANDED

◊ THE FAULT IN OUR STARS

◊ THE FIRM

◊ THE GIVER

◊ THE GRAPES OF WRATH

◊ THE GRUFFALO

◊ THE HELP

◊ THE HUNGER GAMES

◊ THE LOVELY BONES

◊ THINK AND GROW RICH

American Inventions – Part Two

```
P E T R O L E U M E P X H T E
B K J V K E B L F P E Q C W R
A I E Q H L M Z T R M M T Y A
D L F V I A R D O T Y D O F W
G L G O L S V G T A U W C R R
A L Z D C A R O Y O I H S I E
B E A I J A R N Y L O N S S P
A W I L P Q L O B F B I E B P
E L T H U P Y S O K I E P E U
T I Y E C I E D M N H H Y E T
I O D T E A H R S C B Z N T V
T W W R W S M N U G D E E P S
S N O Y A R C E N I C C A V Q
O G L U C O S E R H Z U W N M
P J S T Y R O F O A M L C A S
```

◊ BIFOCALS

◊ CRAYON

◊ EASY CHEESE

◊ FRISBEE

◊ GLUCOSE METER

◊ ICE CREAM FLOAT

◊ INSTANT CAMERA

◊ JELLY BEANS

◊ KEVLAR

◊ NYLON

◊ OIL WELL

◊ PETROLEUM JELLY

◊ POINT OF SALE

◊ POLIO VACCINE

◊ POST-IT NOTE

◊ RADAR SPEED GUN

◊ SCOTCH TAPE

◊ SPACE SHUTTLE

◊ STYROFOAM

◊ TEA BAG

◊ TORQUE WRENCH

◊ TUPPERWARE

◊ XEROGRAPHY

◊ ZIPPER

Crooners

```
W S G R E C O E N O M A D S D
Z M M L T P R E S L E Y W A C
W P A O Y L G K U G O U V Z O
U V R W B C L W I L L I A M S
E M T S S B D E A U S T I N Y
E D I F O A E T N O M I Z G P
N Y N H R M T N L R Q R E R W
I E M I C T H S N L O L S I G
T Q N N Q D F D D E K C F F A
S K E O S J I N M R T F L F R
K R A K O J S O A F A T L I T
C N C G P B H M T M S W E N A
E L S O L S E S H P M O D A N
A O N K M P R E I I Q D Y E I
Y L T O C O R D S F U O R C S
```

◊ GENE AUSTIN

◊ TONY BENNETT

◊ PAT BOONE

◊ PERRY COMO

◊ DON CORNELL

◊ BING CROSBY

◊ VIC DAMONE

◊ BOBBY DARIN

◊ SAMMY DAVIS JR.

◊ JOHNNY DESMOND

◊ BILLY ECKSTINE

◊ TOMMY EDWARDS

◊ EDDIE FISHER

◊ BUDDY GRECO

◊ MERV GRIFFIN

◊ DEAN MARTIN

◊ JOHNNY MATHIS

◊ LOU MONTE

◊ ELVIS PRESLEY

◊ BOBBY RYDELL

◊ FRANK SINATRA

◊ MEL TORME

◊ JERRY VALE

◊ ANDY WILLIAMS

And The Race Is On

```
C J V K J Y K R A T S E N O L
C N Y M R F Q H W Z D E L T A
B O A E C N A Q U E D U C T P
N T W M R M W I N S T O N J E
O G A X O F D A W K J S E C Y
I N L S W P I M L I C O I F I
T I R H N S Z L I K F L I K A
A L I S T W A J I M A T B E S
T R H I E N O R K M S O A N S
I A W C I A O D A U L E R T A
C Z Y T J Y T M J T A M T U U
S P A B I K D T L O O U O C L
H A O R A H P J L E N G N K T
A S P E R I A D M E B U A Y H
J D S D E M R I F F A N F M V
```

◊ AFFIRMED

◊ AMERICAN PHAROAH

◊ AQUEDUCT

◊ ARLINGTON PARK

◊ ASSAULT

◊ BELMONT STAKES

◊ CHURCHILL DOWNS

◊ CITATION

◊ DELTA DOWNS

◊ GALLANT FOX

◊ JUSTIFY

◊ KENTUCKY DERBY

◊ LONE STAR PARK

◊ OAKLAWN RACING

◊ OMAHA

◊ PALACE MALICE

◊ PIMLICO RACEWAY

◊ SANTA ANITA

◊ SARATOGA

◊ SEATTLE SLEW

◊ SIR BARTON

◊ SIR WINSTON

◊ TRIPLE CROWN

◊ WHIRLAWAY

San Antonio Stroll

```
D L R O W A E S K C F Q Z E G
U A D A Q U A S A M S N S Z U
N X E M X E T B S L P U T N E
I W Q U W W U A I A O A R D F
W R I L P C X A S H A D O O A
E I E T K E R E F T N A S K K
S Y L H T T O E I P A E E I C
O K O D T E R L E T G S R G I
J R M P L N L A S U R E B W T
N P Y L A I E C T S O N M I S
A Q E N V I F U A F M A O L E
S A D A I I G E G M R P M L J
T O L P R A P Q I K F A A I A
M C N A Y L L K E G I J L A M
B F K H J M E T L B E J A M Y
```

◊ ALAMO

◊ BUCKHORN SALOON

◊ EMILY MORGAN

◊ FIESTA TEXAS

◊ GUENTHER HOUSE

◊ JAPANESE GARDEN

◊ KING WILLIAM

◊ LA CANTERA RESORT

◊ LA VILLITA

◊ MAJESTIC THEATRE

◊ MARKET SQUARE

◊ MCNAY ART MUSEUM

◊ MIKE AND LOUIES

◊ MISSION SAN JOSE

◊ MISSION TRAILS

◊ O. HENRY HOUSE

◊ PASEO DEL RIO

◊ PEARL DISTRICT

◊ SAN FERNANDO

◊ SEAWORLD

◊ TEX-MEX CUISINE

◊ TEXAS

◊ WILDLIFE RANCH

◊ WITTE MUSEUM

Sing Out Louise – Part Three

```
I O Z K D U S J N K B F H I P
P T Z J Q U E S E R T Y E K L
R L A G U S M R M O R V B H D
B A J O A S H W L C O Y E R Y
R Y C Z B S E W Y K P K A J L
I O A I Q W B I W Y G Z R R R
G R E A S E O T S P I R I M E
A E G S E U H H O W J S A Q G
D Y Q D A M M R S H E M H Z N
O T S N N L G F H Y E N T L I
O K N I E Y A R O T C I V B S
N I U G S Q V D Y R N K K O O
E N S D N T R Q D W K E Y R M
J G H D A I E R I I Z H R N T
V I R Z H Q U R B A N Y G D M
```

◊ *A STAR IS BORN*

◊ *ALADDIN*

◊ *ALL THAT JAZZ*

◊ *ANNIE*

◊ *BRIGADOON*

◊ *DEAR EVAN HANSEN*

◊ *GREASE*

◊ *HAIR*

◊ *MAME*

◊ *MUSIC MAN*

◊ *NEWSIES*

◊ *PORGY AND BESS*

◊ *RENT*

◊ *ROCKY HORROR*

◊ *ROYAL WEDDING*

◊ *SHOWBOAT*

◊ *SHREK THE MUSICAL*

◊ *SISTER ACT*

◊ *THE KING AND I*

◊ *URBAN COWBOY*

◊ *VICTOR/VICTORIA*

◊ *WEDDING SINGER*

◊ *WIZARD OF OZ*

◊ *YENTL*

Rising Sun

```
P I N N A C L E C O L M C W I
M E M O R M O N T O A V K A A
U Z U K H U P C S Z D L L H L
H E N O T S B M O T O Y H S P
W R I G L E Y V K T E D S S A
B Z A N O U M H I G C J N E P
C K I C E M Q P A H U O A S A
N I S E I L A T A B S Q N O G
X R Q B V C I S U A C C O R O
I F E A T R E C E A G H Z L I
N L V D E C A S T L E S I E E
E W G H R N N O S S O R R M B
O O K A Y O M L K H H E A R D
H R Q O O I C J C H F L A M E
P B N T C H S K T R E S E D K
```

- ◊ ARIZONA
- ◊ ART MUSEUM
- ◊ CHASE FIELD
- ◊ COASTERS CASTLES
- ◊ DESERT GARDEN
- ◊ FOUR SEASONS
- ◊ GRAND CANYON
- ◊ HALL OF FLAME

- ◊ HEARD MUSEUM
- ◊ HERITAGE SQUARE
- ◊ MELROSE DISTRICT
- ◊ MORMONT RAIL
- ◊ ODYSEA AQUARIUM
- ◊ PAPAGO PARK
- ◊ PHOENIX
- ◊ PINNACLE PEAK

- ◊ RED ROCK HIKE
- ◊ ROOSEVELT ROW
- ◊ ROSSON HOUSE
- ◊ SHAW BUTTE
- ◊ STATE CAPITOL
- ◊ TALIESIN WEST
- ◊ TOMBSTONE
- ◊ WRIGLEY MANSION

The Flag Is Up

```
S S W A L T U O A Y F S B S Z
O V F E N D U R O K Q T A E I
L E E H W S R J E T T A R T D
O O F F R O A D W O J D B I N
Z N I L E H C I M C S I E L C
O I D R V P S T S V N U R Q I
X I R P D N A R G D Z M M E T
S E N O R I N Q Y N G T B M N
D W U L I G H T N I N G B L A
R A L L Y R C Y B G R I G E L
A N C U N R B U J C G K G M T
N A Y I J L O E U R T Z N A A
E V T C E L L L I I E S L N L
M R C H A M P G E U V I A S K
O O S P R I N T G X Z F Z F F
```

◊ AMERICAN IRON

◊ AMERICAN LE MANS

◊ ARCA MENARDS EAST

◊ ATLANTIC

◊ BANDIT BIG RIG

◊ BARBER DODGE PRO

◊ CHAMP CAR

◊ FAST MASTERS

◊ FORMULA LIGHTNING

◊ FORMULA LITES

◊ GLOBAL RALLY

◊ GRAND PRIX

◊ INDY CAR SERIES

◊ LUCAS OIL OFFROAD

◊ MICHELIN PILOT

◊ NASCAR

◊ NATIONAL SPRINT

◊ NITRO RALLYCROSS

◊ OPEN WHEEL RACING

◊ ROLEX SPORTS

◊ SHELBY CAN-AM

◊ STADIUM SUPER

◊ VOLKSWAGEN JETTA

◊ WORLD OF OUTLAWS

New England State of Mind

```
Z T N O G U N Q U I T G J Z N
N O A J C Z B A T R O P W E N
Y A N I E I X O M B V R O D Q
P A T R I O T S B E G W O E E
U Y U V E R M O N T R E D I C
R U C T K E Y T J R S H S E W
I E K R T E M R H E T T T S
T S E N J H E U V V R K O I V
A S T N F T D A L A I S C H I
N E Y F S O E Y W F M D K W N
P X I B C L M B O S T O N E
H L O E I A E P E A M G H L Y
C L P E N R M A I N E O E V A
G A Z Y Y A C A D I A J J A R
C H A M P S H I R E D Q M T D
```

◊ ACADIA NATIONAL PARK

◊ BOSTON TEA PARTY

◊ CAPE COD

◊ CLIFF WALK

◊ COLD HOLLOW CIDER

◊ CRANBERRY BOG

◊ FALL LEAVES

◊ FLUME GORGE

◊ LOBSTER ROLL

◊ LYMAN ORCHARD

◊ MAINE

◊ MARTHA'S VINEYARD

◊ MOXIE

◊ NANTUCKET

◊ NEW HAMPSHIRE

◊ NEWPORT MANSIONS

◊ OGUNQUIT

◊ PATRIOTS

◊ PEABODY ESSEX

◊ PURITAN

◊ STRAWBERY BANKE

◊ VERMONT

◊ WHITE MOUNTAINS

◊ WOODSTOCK

The Race for Space

```
V A J G R E G N E L L A H C K
O S P E H N E L T T U H S Q T
G E H O E L A N D I N G K B O
Z L O V L R Z S T C U D A G G
K O E V B L J H A A N O A L R
M S N U P B O O S A R L A E I
K U I B H J U U V B I R K C N
E Q X F V O R S I L E A V P I
N Z F J T V A T E V B W C H M
N I A U E T E O A T I R O S E
E U I Y U R M N K W O F H K G
D L O R E G A Y O V R K L Y N
Y R N G S C R E E N O I P L A
E R O C S M E R C U R Y I A T
D I S C O V E R Y H U B Y B I
```

◇ ABLE AND BAKER

◇ APOLLO

◇ CAPE CANAVERAL

◇ CAPE KENNEDY

◇ CHALLENGER

◇ DISCOVERY

◇ GALILEO

◇ GEMINI

◇ HOUSTON

◇ LUNAR LANDING

◇ LUNAR ROVER

◇ MERCURY

◇ MERCURY SEVEN

◇ NASA

◇ ORBITER

◇ PHOENIX PROBE

◇ PIONEER ONE

◇ PROJECT SCORE

◇ SATURN FIVE

◇ SKYLAB

◇ SPACE SHUTTLE

◇ SURVEYOR

◇ TIROS SATELLITE

◇ VOYAGER

Sailing Along

```
L S Q E E B O H C E E K O A N
B N O G Q N O T L A S C J I B
G O G N Q C U M B E R L A N D
I R A I S H N Z Q A F L M V E
N U B G A B S G T P P L I H N
A H E N K O T E N M M E L U O
S F N A A T R C A V J W L R T
W E N H K R Y H G O A O E R S
O R I J A A C Z I Z L P L O W
R I W V W V B P H A U B A I O
T O R J E I E Z C R A L C R L
H Z P A A S N W I K F M S E L
Y J R W T T D Y M S U H T P E
K K C O R N E L L I E R O U Y
D A E H E S O O M H A V A S U
```

◊ CHAMPLAIN

◊ CRATER

◊ CUMBERLAND

◊ EUFAULA

◊ HANGING

◊ HAVASU

◊ HURON

◊ LAKE OF THE OZARKS

◊ MICHIGAN

◊ MILLE LACS

◊ MOOSEHEAD

◊ NASWORTHY

◊ OKEECHOBEE

◊ ONTARIO

◊ PEND OREILLE

◊ POWELL

◊ SAKAKAWEA

◊ SALTON SEA

◊ SUPERIOR

◊ TABLE ROCK

◊ TOLEDO BEND

◊ TRAVIS

◊ WINNEBAGO

◊ YELLOWSTONE

Male Sporting Greats

```
G T Y Q Z D D M G A A R O N E
A E J L Y D A R B J S F W Y L
L Q H D E N N R T N A C P J G
M I O R N T O I E N E M F I N
F P R I I W N W K B E C E L A
J F N O N G O A B I R D I S M
O G D B B J D U Y Z B S V R D
R I O U U I K V J R T N B E I
D W R F C Y N N Z A B A O M M
A B S P H J O S U Q I T N L A
N M E J K S L B O K H H A A G
M H T F N E A F M N S O T P G
R U T H W C S A C F T R I I I
P U O I H S N K D O C P O A O
N J S A N D E R S D Y E B M A
```

◊ HANK <u>AARON</u>

◊ TROY <u>AIKMAN</u>

◊ LARRY <u>BIRD</u>

◊ BRIAN <u>BOITANO</u>

◊ TOM <u>BRADY</u>

◊ JIM <u>BROWN</u>

◊ KOBE <u>BRYANT</u>

◊ JOE <u>DIMAGGIO</u>

◊ TONY <u>DORSETT</u>

◊ LOU <u>GEHRIG</u>

◊ LEBRON <u>JAMES</u>

◊ MAGIC <u>JOHNSON</u>

◊ MICHAEL <u>JORDAN</u>

◊ CARL <u>LEWIS</u>

◊ MICKEY <u>MANGLE</u>

◊ PEYTON <u>MANNING</u>

◊ JESSE <u>OWENS</u>

◊ ARNOLD <u>PALMER</u>

◊ JERRY <u>RICE</u>

◊ JACKIE <u>ROBINSON</u>

◊ BABE <u>RUTH</u>

◊ DEION <u>SANDERS</u>

◊ ROGER <u>STAUBACH</u>

◊ JIM <u>THORPE</u>

97

Lady Sings The Blues – Part Two

◊ PAULA ABDUL	◊ DEBBIE HARRY	◊ CYNDI LAUPER
◊ FIONA APPLE	◊ LAURYN HILL	◊ JONI MITCHELL
◊ MARY J. BLIGE	◊ BILLIE HOLIDAY	◊ BONNIE RAITT
◊ KIM CARNES	◊ JANET JACKSON	◊ NINA SIMONE
◊ JUDY COLLINS	◊ ETTA JAMES	◊ NANCY SINATRA
◊ SHERYL CROW	◊ JEWEL	◊ PATTI SMITH
◊ ARIANA GRANDE	◊ NORAH JONES	◊ TINA TURNER
◊ AMY GRANT	◊ CHAKA KHAN	◊ TRISHA YEARWOOD

First in the Nation

```
Z E E U Y M A S R E L G A L F
A T A N B T A U R D W O R L K
L A N E G S E T G E M L O I T
E R A C A N D Y A U M F U A T
N I S C O W G L E N S R P J Y
A P T R I L Z Y I H Z T A F T
I V A M C B O Z T G T A I F I
T E S U L A E N B A H T S N C
S U I J J F S P I P E T E O E
A E A H E T U T S A P R N W E
B S V Z R Y O L I N L O T E G
E L E A T P H S U L O G N O R
S E I T M C Y E U D L I Y C O
O N A L I V Q A D I R O L F E
Z H H T U O Y E L L O R T O G
```

◊ ANASTASIA PARK

◊ BRIDGE OF LIONS

◊ CASTILLO DE SAN MARCOS

◊ COLONIAL QUARTER

◊ FARMERS MARKET

◊ FLAGLER COLLEGE

◊ FLORIDA

◊ FORT MATANZAS

◊ FOUNTAIN OF YOUTH

◊ GOLF HALL OF FAME

◊ LIGHTNER MUSEUM

◊ OLD CITY

◊ OLD HOUSE

◊ OLD JAIL

◊ PIRATE MUSEUM

◊ PONCE DE LEON

◊ RED TRAIN TOUR

◊ SAN SEBASTIAN

◊ ST. AUGUSTINE

◊ ST. GEORGE STREET

◊ TREATY PARK

◊ TROLLEY TOUR

◊ VILANO BEACH

◊ WHETSTONE CANDY

America The Beautiful

```
U W G Z A O E I J N E D L O G
B S O U I P Y R Q Y M Z L F E
G C S R G S T P O P U S I L L
D U O L C G R A P M E N D Q D
E R I P M E E V R M T T I D E
O B V E O O B N I E S L O O E
I O P A E J I T H H V O I Z N
G U W W I L L I S E W O I B I
A R U S H M O R E Y I H O G S
L B N L O C N I L S J M I H P
L O E G G S E L L I S J E T C
E N A R D S O W L S O A H Z E
B T A Y O H O K C O R R A L K
E N E L P M E T O S P M U U W
D F C D Z H G A T E W A Y O L
```

◊ BELLAGIO

◊ BILTMORE ESTATE

◊ BOURBON STREET

◊ CLOUD GATE

◊ COOPER UNION

◊ ELLIS ISLAND

◊ EMPIRE STATE

◊ GATEWAY ARCH

◊ GOLDEN GATE

◊ GRAND CENTRAL

◊ GUGGENHEIM

◊ HEARST CASTLE

◊ HOLLYWOOD SIGN

◊ HOOVER DAM

◊ LINCOLN MEMORIAL

◊ MOUNT RUSHMORE

◊ O.K. CORRAL

◊ RAINBOW ROW

◊ SPACE NEEDLE

◊ STATUE OF LIBERTY

◊ TEMPLE SQUARE

◊ TIMES SQUARE

◊ WHITE HOUSE

◊ WILLIS TOWER

Let's Play

```
R M O S D R A C O N U J M G W
O Y P R E K A O S R E P U S I
L L E H S R E T S I W T N K E
L I R F C R O S S F I R E O T
E T A R V S J Y I C R S R S I
R T T I O R L K T G O Y F L R
S L I S I M O N Z G F L B E B
K E O B M B T I E L U O A E E
A P N E Q G B L U I R P L H T
T O K E I A T S G E B O L W I
E N Y J R B R E J B Y N Z T L
S Y O B I R A T A L Y O Y O Z
Q E I P A R T E S U O M K H V
G E E E Z T H A Y O B E M A G
Q F P R S R A W R A T S B D J
```

◇ ATARI

◇ BARBIE

◇ CROSS FIRE

◇ FRISBEE

◇ FURBY

◇ G.I. JOE

◇ GAME BOY

◇ HOT WHEELS

◇ LEGOS

◇ LITE BRITE

◇ MONOPOLY

◇ MOUSETRAP

◇ MY LITTLE PONY

◇ NERF BALL

◇ OPERATION

◇ ROLLER SKATES

◇ SIMON

◇ SLINKY

◇ STAR WARS

◇ SUPER SOAKER

◇ TWISTER

◇ UNO CARDS

◇ YAHTZEE

◇ YO-YO

Las Vegas

```
M Z Y N R D I O A S B C L O B
M G A I E S N R G I A W O I Q
A O M L L H Y A J G T C N V E
D P O A L H Y T R N N I W I E
A F N C O G O A Q G O S F C Q
M D A O R K E R W N M F H N T
E M V M A M F T S Z E G I G U
P E G V P L A S U L R L M I I
R A C A N Y O N T A F E Y N B
P A L A C E T D D B I K W D I
H A U N T E D P N A H B M O M
B N Y A Y C C P D O L O M O Y
H H G M I R A G E Q G A T R U
P I R T S H E L B Y C O Y B G
F M T G N I D D E W R E C Z L
```

◊ BINIONS

◊ CAESAR'S PALACE

◊ EIFFEL TOWER

◊ EMERALD COVE

◊ FREMONT STREET

◊ HAUNTED MUSEUM

◊ HIGH ROLLER WHEEL

◊ HOOVER DAM

◊ INDOOR SKYDIVING

◊ LAS VEGAS SIGN

◊ LINQ PROMENADE

◊ MANDALAY BAY

◊ MADAME TUSSAUDS

◊ MGM GRAND

◊ MIRAGE VOLCANO

◊ MOTOR SPEEDWAY

◊ RED ROCK CANYON

◊ SHELBY AMERICAN

◊ SHOWGIRL CAMP

◊ STRAT SKYPOD

◊ THE STRIP

◊ TREASURE ISLAND

◊ VENETIAN GONDOLA

◊ WEDDING CHAPEL

World In America – Part Two

```
K W C W G L A S G O W C N A J
P Q J Z U A W V A K L T T Z T
F H E T M E E K L G I Y S A O
Y V R I D V Y U I E S E A G D
J O L E D S I L N L B R F K R
Y J N C P I K R A K O W L D P
W N M A O Y R H M T N I E R K
T A R A C C E M I I I H B O E
L T S N D N Y I O E S P B F J
A O E R O R D D P D S L A X N
V F N T A E I M L V Z E V O G
N S E D R W O D W R C D L N R
Z E L R O P S E J A L A B A K
Y S Y E R N H L Z T H D V A W
Z U R I C H C M O S C O W B R
```

◇ BELFAST, MAINE

◇ DELPHI, INDIANA

◇ DERRY, NEW MEXICO

◇ ETON, GEORGIA

◇ GAZA, NEW HAMPSHIRE

◇ GLASGOW, MISSOURI

◇ ITALY, TEXAS

◇ KIEF, NORTH DAKOTA

◇ KRAKOW, WISCONSIN

◇ LIMA, OHIO

◇ LISBON, NEW YORK

◇ LONDON, KENTUCKY

◇ MADRID, NEBRASKA

◇ MANILA, ARKANSAS

◇ MECCA, CALIFORNIA

◇ MOSCOW, IDAHO

◇ OXFORD, OHIO

◇ POMPEII, MICHIGAN

◇ SPARTA, GEORGIA

◇ SWEDEN, MAINE

◇ TROY, ALABAMA

◇ WALES, UTAH

◇ WARSAW, INDIANA

◇ ZURICH, KANSAS

Roundballers' Roundup

```
C C L U A T H S N U S N B N R
E U W N A K N I C K S T U N S
L L S E E G R S N K B G F N E
T A H N H R H R C P G U O D L
I K K W A Y Q U J E A T L C A
C E I A S C B P T N S C H L C
S R A R F Y I S R I U W E L S
M S S R U K D L P A S F I R S
A G R I Z Z L I E S P P I K S
G B E O U B J R T P P T W I P
I Q D R Y A J E E E T A O G K
C F N S Z B K O R C H B B R J
Y H U Z S C M S W I Z A R D S
B H H W O Y A F P Z S G N I K
K S T R A I L B L A Z E R S O
```

◊ ATLANTA HAWKS

◊ BOSTON CELTICS

◊ CHICAGO BULLS

◊ DAKOTA WIZARDS

◊ DENVER NUGGETS

◊ DETROIT PISTONS

◊ GOLDEN STATE WARRIORS

◊ HOUSTON ROCKETS

◊ INDIANA PACERS

◊ LOS ANGELES CLIPPERS

◊ LOS ANGELES LAKERS

◊ MEMPHIS GRIZZLIES

◊ MIAMI HEAT

◊ MILWAUKEE BUCKS

◊ NEW ORLEANS PELICANS

◊ NEW YORK KNICKS

◊ OKLAHOMA CITY THUNDER

◊ ORLANDO MAGIC

◊ PHOENIX SUNS

◊ PORTLAND TRAIL BLAZERS

◊ SACRAMENTO KINGS

◊ SAN ANTONIO SPURS

◊ TORONTO RAPTORS

◊ UTAH JAZZ

Let's Eat

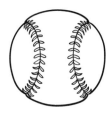

```
Z Y N O C J L S T I U C S I B
M J K E Y L I M E N C H I L A
Y L R Y O Y B P O T R O A S T
L J A R T R A I L M I X P O N
S G N I W S K P E A N U T R Z
B A R C O K E A J L P N O E O
S H D H R V D M S P G C Q N K
A A C Y S A A D I C P N R U E
B A T A G N C E L O L E P T T
N E L I V A S A P G T K O R T
N A I O J N M P J S R C T O L
D C E I O A F N B F J I A F E
V Y Z J A B F O P Q R H T A H
O W M E A T L O A F K C O S B
G L S S S A D A L I H C N E D
```

◊ BAKED BEANS

◊ BANANA SPLIT

◊ BISCUITS AND GRAVY

◊ BUFFALO WINGS

◊ CALIFORNIA ROLL

◊ CHICKEN FRY STEAK

◊ CLAM CHOWDER

◊ COBB SALAD

◊ CRAB CAKES

◊ ENCHILADAS

◊ FAJITAS

◊ FORTUNE COOKIES

◊ GRITS

◊ HUSH PUPPIES

◊ KETTLE CORN

◊ KEY LIME PIE

◊ LOBSTER ROLLS

◊ MEATLOAF

◊ NACHOS

◊ PEANUT BUTTER

◊ POPCORN

◊ POT ROAST

◊ POTATO CHIPS

◊ TRAIL MIX

Park It

```
D E I F I R T E P A Y F I G H
E H Y S E C W I M A M M O T H
H T A E D Z K W L R E T A R C
S S K L A N T I E T A M U R H
U H Y G E C A R U S W A E C T
I M E I A A Y L U V D I I S T
C A E N W V K O D O C P M G E
J Y Y H A P D A O A M T Q N T
E O K L A N I W L Y B D A I O
N O L O C U D G L A E B R R N
M E T I M E S O Y N W D C P Z
Y V N G R S W T A Q W U H S V
B I G B E N D L O H V N E A I
F V E U R A I N I E R E S D O
A U H S O J L C A R L S B A D
```

◊ ANTIETAM
◊ ARCHES
◊ BADLANDS
◊ BIG BEND
◊ CARLSBAD CAVERNS
◊ CRATER LAKE
◊ DEATH VALLEY
◊ DENALI

◊ GLACIER BAY
◊ GRAND CANYON
◊ GRAND TETON
◊ GREAT SAND DUNES
◊ GREAT SMOKY
◊ HALEAKALA
◊ HOT SPRINGS
◊ JOSHUA TREE

◊ MAMMOTH CAVE
◊ MOUNT RAINIER
◊ OLYMPIC
◊ PETRIFIED FOREST
◊ REDWOOD
◊ SHENANDOAH
◊ VALLEY FORGE
◊ YOSEMITE

SOLUTIONS

1

2

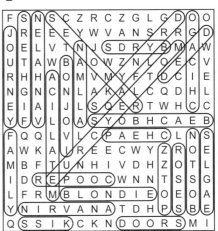

3

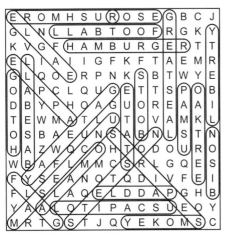

4

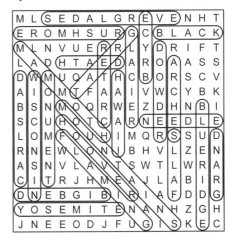

5

6

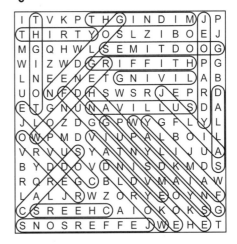

SOLUTIONS

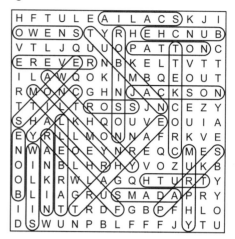

7

```
N I H D N A G D H K F W I N D
O V P W A L L A B O U T E V E
I R E B A S C A V Q T S L G M
T U H A P A R T M E N T E C R I
A H N D M E V Y G U Y B S L E D
T E E U E C D L P T S T F S N N
I E B L R H R A S I B D C K N I
M R E M E M H R T B R R I F G H
F I E I A V A U J S P M N D T
K G A D N H I Z N E E Q G O R O
I G N D C N F L O T M W S G R C
U I N O T T A P O N E W M Y C K
M Y F A I R L A D Y E R E D
J O A C C E B E R S T I N G Y
```

8

```
H F T U L E A I L A C S K J I
O W E N S T Y R H E H C N U B
V T L J Q U U O P A T T O N C
E R E V E R N B K E L T V T T
I L A W Q O K I M B Q E O U T
R M O N C G H N J A C K S O N
T T I L T R O S S J N C E Z Y
S H A L K H Q O U V E O U I A
E Y R L L M O N N A F R K V E
N W A E O E Y N R E Q C M E S
O I N B L H R H Y V O Z U K B
O L K R W L A G Q H T U R T
B L I A G R U S M A D A P R Y
I N T T R D F G B P F H L O
D S W U N P B L F F F J Y T U
```

9

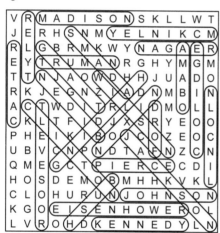

```
V R M A D I S O N S K L L W T
J E R H S N M Y E L N I K C M
R L G B R M K W Y N A G A E R
E T Y T R U M A N R G H Y M G M
T K N J A O W D H H J U A D O
R K J E G N Z I A D N M B I N
A C T W D I T R L I D M O L L
P H E I K I B O J C O Z E O C
U B V C N P N D T A F N Z C N
Q M E G C T P I E R C E C D I
H O S D E M O B M H H K V K L
C L O H U R U N J O H N S O N
K G O E I S E N H O W E R O L
L V R O H D K E N N E D Y L N
```

10

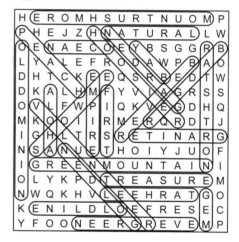

```
H E R O M H S U R T N U O M P
P H E J Z H N A T U R A L L W
O E N A E C O E Y B S G G R B
L Y A L E F R O D A W P B A O
D H T C K E E Q S R B E D T W
O K A L H M F Y V I A G R S S
M K O O I I R M E R Q R D T J
I G H L T R S R E T I N A R G
N S A N U E T H O I Y J U O F
I G R E E N M O U N T A I N I
O L Y K P D T R E A S U R E M
N W Q K H V L E E H R A T G O
K E N I L D L O E F R E S E C
Y F O O N E E R G R E V E M P
```

11

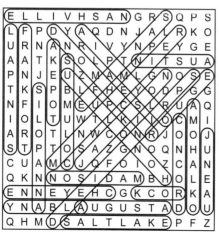

```
E L L I V H S A N G R S Q P S
L F P D Y A Q D N J A L R K O
U R N A N R I V Y N P E Y G E
A N T K S O L P T N I T S U A
P K J E U Z M A M L G N O S E
T K S P B L F H E Y O D P G G
N I I O M E U P C S L R U A Q
I A L T U W L K I O C M I
A R O T L N W C O N R J O J
S T P T O S A Z G N O Q N H U
C U A M C J O F O I O Z C A N
Q K N N O S I D A M B H O L E
E N N E Y E H C G K C O R K A
Y N A B L A U G U S T A D O U
Q H M D S A L T L A K E P F Z
```

12

```
D G U E D E V O L E B Z T N E
H O H V G F E F M E L C N U B
N D R I B G N I K C O M Z M R
S N D F W Z R O T R L A A N E
R G I G W T O M B E I H J Z A
O R V F H E Y B L H T F B K F
D A O T A E R G C C T J M C A
A P U L J A N Y W T L W J I T
S E M W O U G R P A E G P D S
S W O J C R R A C W J N Y T
A B U B L O O D I T E U P L F
B L S C A R L E T S Q E R B M
M L N D Z B Z O T S E I R M Y
A B S A L O M P S L S S D C Y
N E I F E L B I S I V N I C V
```

SOLUTIONS

13

```
N A V Y P I E R Z R E T A W L
B H J G C D O H M K N N H L W
F G O Y L O M M O A A A H R L
T S A E K Z Q G G M K R I Q N
E V I E F P B I L E N G A P Q
U F R O J O H P A A L I Z A P
Y S E N C U J Z E P I M O A V
T C M E X I W N Y V Y L M A O
I H U M C D L A T S Y R C E X
T I I Z C O L L C A Y S C Y C
S C R J L M N O J G I R Q H V
N A A F O H Y D S L O N C R F
I G U Y U D M V L W T R L Q N
K O Q W D M U I N N E L L I M
B E A R S F W H I T E S O X S
```

14

```
J O E G E T R A W E T S Y F M
F L E K A M R W J A U J A S U
K A S L A T A W O Z N I A K G
P H Y L P R E Z B U F F E T N
B H L E T Y L S S B P A G E L
L E T O S M U O J L U S B F R
N S E I T I K Q W A L K E R O
N E O I Y R K I T O R E P B T
A H N H E O R C Z F H L D G S
G G A D R O F D I S N E Y A N
R U G M F R Y W F C P U E K D
O H N L N M U S K B J T R M E
M D A A I U F W A L T O N Y R
O Y M A W A L A P Y C U W J S
M C M B E Z O S V H E R A S
```

15

```
Y T L H S O R B E V E R L Y Z
A Z A Q A R S A A U W O O T Z
L B E R W N A T J C I D S T U
A I C M P E I T I O U E A H G
C L O R I C L S C P O N E B E
I O N C W M T E A M G W G B M
N N E A A U P S N T P F E R A
O G V R U N F H L T A V L O F
M B C Y D O I B A U C E A F F
A E Q W E T O P W U K R S D O
T A U J O A T Z F K B E Y Z K
N C E R K M B E Q M E I R O L
A H E T R I A N G L E N L S A
S I N S C K L N O L V E R A W
C D O O W Y L L O H W O Q J M
```

16

```
H P J R U R S S G T N S L W T
T C O L U M B I A O G L A A L
N I D R O F D A R E T A U E E
P F H S L A W T E B T R W G L
H I G U F L H X P V C U N U U
I C M T I W E M Y A L E F S A
L A O A O R A Q D P V B O T H
L P I V O D C I I R A J R A A
I I D O Y O A I N N A E K N F
P K P L C I N G N P D N L F R
S S B N J C E N G A C A A O M
N A G R E L J O A S R U N D D
E L A T O F U R M A N O D D F
L A O B Z W V C H A D F P B F
P N K K R F N Y C N I U Q A L
```

17

```
F U W P E Q Y T B S W B U F G
T Z E N Y A S R T I J P U E M
J N I R J M E F L O G A R R J
N A N Z A W A L E S C R D D R
P E Z D A O I D E W Y L I R R
H N A L S A H S I O Y M O E H
Z O T T M Y R A I S R T P W A
L O T S H O N M R R O N H D M
N A M R E H S M H P R N O E I
E A R W U A U N A A E O P M L
F R A N K L I N U T N G M J T
N O T R O M E D H L H C H K O
T Y V F S L Y W Y R E E O C N
L L E V O L D E I S D Y W C M
J A C K S O N T H S Z P P S K
```

18

```
S S M Z A E S L E H C L P A N
I L G R R A L L I S O N R N R
R E U I H Y P S N U B O H E C
A R A H D A A P I D R T L Z Y
P U L Y I B P S A U R E Y E A
F A L V E E A G A A W N O N E
N U I L V T T D C E E N G N L
K L M O Z H R Y H E H E A O I
O S A D E A I H K A L Y C S N
A U C E L N C A N A P E I R E
A Q D S D Y I N U Y Z H H E E
U I W S A W A N B E E C M M W
G D N A F V E O D L S O N E D
Z E T E A E Z D E B W G W H S
M Y J S X N U N U Z O S A I Q
```

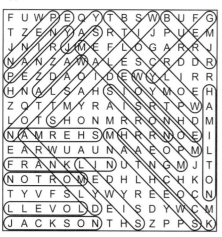
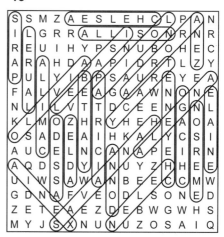
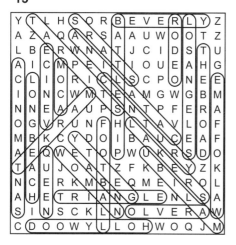
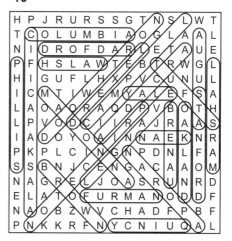
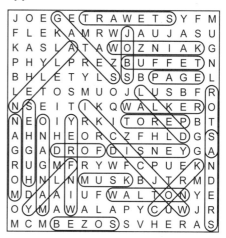

SOLUTIONS

19

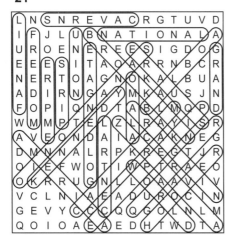

```
N S N A E L R O W E N U S H P
I B E D N A L T R O P I E H L
T H W T W U I O N E U O O S L
S C P A G I M H G O R E M A K
U H O U Y I Q A L H N E I N C
A N R C T F R T A I H U N A O
A T T L I O S N X U Z Z N N R
O K A H H O N O L U L U E T E
G B E C L A S V E G A S A O L
A A N P V C Y M I A M I P N T
C A R A O B I L O X I J O I T
I V S O E T R O I T V J L O I
H O P P A T L A N T A J I A L
C L E V E L A N D N O T S O B
  C P V C B N A S H V I L L E L
```

20

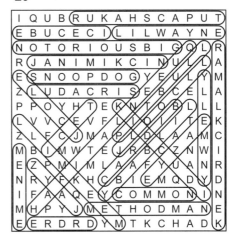

```
  I Q U B R U K A H S C A P U T
E B U C E C I L I L W A Y N E
N O T O R I O U S B I G O L R
R J A N I M I K C I N U L L A
E S N O O P D O G Y E U L Y M
Z L U D A C R I S E B C E L A
P P O Y H T E K N T O B L L L
L V V C E V F L I O I I T E K
Z L F C J M A P L D A A M C I
M B I M W T E J R B C Z N W R
E Z P M I M L A A F Y U A N D
N R Y F K H C B I E M Q D Y D
I F A A Q E Y C O M M O N I N
H P Y J M E T H O D M A N E
E E R D R D Y M T K C H A D K
```

21

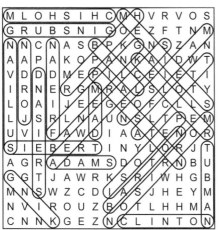

```
L N S N R E V A C R G T U V D
I F J L U B N A T I O N A L A
U R O E N E R E E S I G D O G
E E E S I T A C A R R N B C R
N A E R T O A G N O K A L U A
A D I P R N G A Y M K A U S N
F O P I Q N D T A B L M O P D
W M M P T E L Z L R A Y I S R
A V E O N D A I A C A K N E G
D M N N A L R P K R E G T J R
O X E F W O T I M P T R A E O
O K R R U G N L L O A A V I N
V C L N I A E A D U R O C I N
G E V Y C C C Q Q G O L N L M
Q O I O A E A E D H T W D T A
```

22

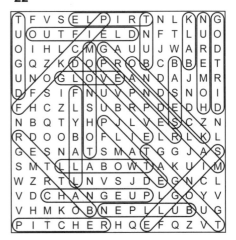

```
T F V S E L P I R T N L K N G
U O U T F I E L D N F T L U O
O I H L C M G A U U J W A R D
G Q Z K D O P R O B C B B E T
U N O G L O V E A N D A J M O
D F S I F N U V P N D S N O R
F H C Z L S U B R P D E D H D
N B Q T Y H P J L V E S C Z N
R D O O B O F L I E L R L K L
G E S N A T S M A T G G J A S
S M T L L A B O W T A K U I M
W Z R T N V S J D E G N C L
V D C H A N G E U P L G O Y V
V H M K O B N E P L L U B G
P I T C H E R H Q E F Q Z V T
```

23

```
M L O H S I H C M H V R V O S
G R U B S N I G O E Z F T N M
N N C N A S B P K G N S Z A N
A A P A K O P A N K A I D W T
V I D D M E V I C E N E T I
I L R N E R G M R A L S I O T Y
L O A I J E E G E O F C L L S
L J S R L N A U N S L T P E M
U V I F A W D I A A T E N O R
S I E B E R T I N Y L O R J T
A G R A D A M S D O T R N B U
G G T J A W R K S R I W H G B
M N S W Z C D I A S J H E Y M
N V I R O U Z B O T L H H M A
C N N K G E Z N C L I N T O N
```

24

```
M T H G I L H S A L F A N Y Z
Y U D Q Q R E M M A H K C A J
E O G E S C A L A T O R A I R
C T E E H S D A E R P S P R Z
L L P L A N T E R E H S T P A
R O O O Q Y O E A W O H C L I
E Y D C R D R Z N C N U H A N
H A D U K J O L B T O D A N T
S L B B I E B E C T G L Q E E
A P A I N T O O O A R I O R R
W S E K R Y T G L K A S H R N
H I E C A T I L A I P H O N E
S D T E O D C G I E H N M Z T
E G N K S A M N Y G A M E
D E P A P E R O M Y E E Q Y L
```

SOLUTIONS

25

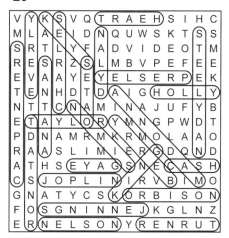

```
H A R V A R D N O T S L Y O B
J S G U I F O T E A S H I P S
N O I T U T I T S N O C S S U
P V L M S N E W B U R Y J B K
A A F O C O Y S T E R B A R H
U S B E F O R Y C N I U Q E A
L T S N Z P H Z B C N E W R R
R G R A H W U I A L B K T E B
E D E N O R A C E K T E L R O
V I V Y C B K Y S Y R R I Y R
E R O H A B N I Q U I Y B T E
R B N G A E D A D P N E R V D
E M A Y J F Y L W K I L A R S
Q A H C H A R L E S T W R L O
L C T Y R T S A P A Y W Y S X
```

26

```
V Y K S V Q T R A E H S I H C
M L A E I D N Q U W S K T S S
S R T L Y F A D V I D E O T M
R E S R Z S L M B V P E F E E
E V A Y E Y E L S E R P E K K
T E N H D T D A I G H O L L Y
N T T C N A M I N A J U F Y B
E P D N A M R M K R M O L A A
R A A S L I M I E R G D O N D
A T H S E Y A G S N E C A S H
C S J O P L I N I R V B I M O
G N A T Y C S K O R B I S O N
F O S G N I N N E J K G L N Z
E R N E L S O N Y R E N R U T
```

27

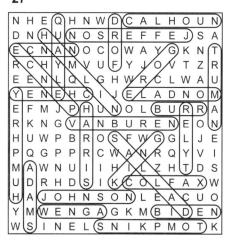

```
N H E Q H N W D C A L H O U N
D N H U N O S R E F F E J S A
E C N A N O C O W A Y G K N T
R C H Y M V U F Y J O V T Z R
E E N L Q L G H W R C L W A U
Y E N E H O I J E L A D N O M
E F M J P H U N O L B U R R A
R K N G V A N B U R E N E O N
H U W P B R O S F W G G L J E
P Q G P P R C W A N R Q Y V I
M A W N U I I H L Z H T D S
U D R H D S I K C O L F A X W
H A J O H N S O N L E A C U O
Y M W E N G A G K M B I D E N
W S I N E L S N I K P M O T K
```

28

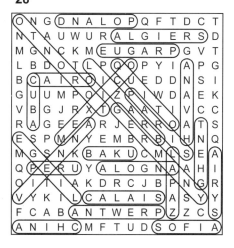

```
O N G D N A L O P Q F T D C T
N T A U W U R A L G I E R S D
M G N C K M E U G A R P G V T
L B D O T L P O O P Y I A P G
B C A I R O I C U E D D N S I
G U U M P O I Z P I W D A E K
V B G J R X T G A A T I V C C
R A G E E A R J E R R O A T S
E S P M N Y E M B R B I H N Q
M G S N K B A K U C M L S E A
Q P E R U Y A L O G N A A H I
O I T I A K D R C J B P N G R
V Y K I L C A L A I S A S Y Y
F C A B A N T W E R P Z Z C S
A N I H C M F T U D S O F I A
```

29

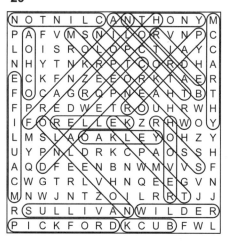

```
N O T N I L C A N T H O N Y M
P A F V M S N I L O R V N P C
L O I S R O L O P C T I A Y C
N H Y T N K R P T O O R D H A
E C K F N Z E E O R K T A E R
F O C A G R O P N E A H T B T
F P R E D W E T R O U H R W H
I F O R E L L E K Z R H W O Y
L M S L A O A K L E Y O H Z Y
U Y P N L D R K C P A O S S F
A Q D F E E N B N W M V V S F
C W G T R L V H N Q E E Y O N
M N W J N T Z O I L R R T J J
R S U L L I V A N W I L D E R
P I C K F O R D K C U B F W L
```

30

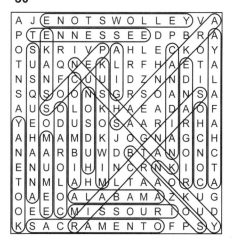

```
A J E N O T S W O L L E Y V A
P T E N N E S S E E D P B R A
O S K R I V P A H L E C K O Y
T U A Q N E K L R F H A E T A
N S N F C U U I D Z N N D I L
S Q S O O N S G R S O A N S A
A U S O L O K H A E A D A O F
Y E O D U S O S A A R I R H A
A H M A M D K J O G N A G C H
N A R B U W D B T A N O C H T
E N U O I H I N C R N K I O T
T N M L A H M L T A A O R C A
O A A E O A L A B A M A Z K U G
O E E C M I S S O U R I O U D
K S A C R A M E N T O F P S Y
```

SOLUTIONS

31

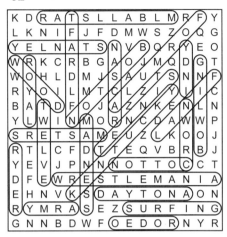

```
Y D Y Y L I M A F R R O G O K
O W W H I Y E K S I H W G C C
B Y B I Z Z E L L O C W Y V B
W R N L O C N I L N A V A J O
O A N U G P A Y C O M T G E S
C U N W S D R A Y K C O T S I
O T D E O F A W Y A V H W E X
M C J A O T D R P E U Q C P T
A N R Q I R K I U N G N Y R Y
N A A J O R T C D C E A H V S
C S B Z O Y E I S Q S G I
H I L P L R R M C R A B Q O X
E O E Y R O T S I H B D O K V
C D U M A R L A N D S S W W T
O Y F R O N T I E R G J L P Z
```

32

```
K D R A T S L L A B L M R F Y
L K N I F J F D M W S Z O Q G
Y E L N A T S N V B Q R Y E O
W R K C R B G A O J M Q D G T
W O H L D M J S A U T S N N F
R Y O I L M T C L Z I Y L I C
B A T D F O J A Z N K E N L W
Y L W I N M O R N C D A W W P
S R E T S A M E U Z L K O O J
R T L C F D T T E Q V B R B J
Y E V J P N N O T T O C C T
D F E W R E S T L E M A N I A
E H N V K S D A Y T O N A O N
R Y M R A S E Z S U R F I N G
G N N B D W F O E D O R N Y R
```

33

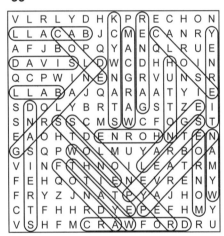

```
V L R L Y D H K P R E C H O N
L L A C A B J C M E C A N R Y
A F J B O P Q Y A N Q L R U E
D A V I S L D W C D H H O I N
Q C P W I N E N G R V U N S R
L L A B A J Q A R A A T Y I E
S D O L Y B R T A G S T Z E I
S E A O H T D E N R O H N T E N
G S Q P W O L M U Y A R B O A
V I N F T H N O I L E A T R M
F E H Q O T I E N E V R E N Y
F R Y Z J N A T P Y A J H O W
C T F H H R D Y E P E F H M Y
V S H F M C R A W F O R D R U
```

34

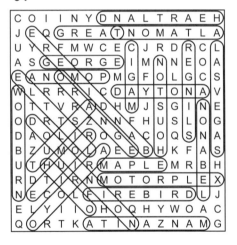

```
C O I I N Y D N A L T R A E H
J E Q G R E A T N O M A T L A
U Y R F M W C E C J R D R C L
A S G E O R G E I M N N E O A
E A N O M O P M G F O L G C S
W L R R R I C D A Y T O N A V
O T T V R A D H M J S G I N O E
O D R T S Z N N F H U S L G A
B Z U M O L A E E B H K F A S
U T H U I R M A P L E M R B H
R D T I R N M O T O R P L E X
N E C O L F I R E B I R D L J
E L Y I I O H O Q H Y W O A C
Q O R T K A T I N A Z N A M G
```

35

```
W F I A G N O R T S M R A N F
Y M O S S I R G S S E I L F E
E G M M N I S N C A J L R C S
B W J T A R I H D W E L C L I
B N J N G L I D H V A N A R A
A A C S L R Y I O S L N R E H
L M M O R G T L N Y I M P P Q
W W C A O S O I E P C B E O N
A E N C O G K L P O I N N I R
C L T U A Q T R I N C N I T C R
G F Y W H C A R L U H W R S L
P L A F C D N G K T L N F I A
H J L M Q A B L U C I D E D
O R S C N T E E F F A H C C T
```

36

```
S L S P S Z S G N I H T Y N A
S U G A R M D T O O T S I E
V B R O N X I E T M Q F M N N
N S V A L Y U S L J C H W J A
O E G K C T P T B G J E I K S
G N T E R A B A C E N R O J T
A O G A C I H C R I H A A Y A
W J R C V C N K N E C A T C S
D P G I Z A Q E W F M V V N I
N M O N Y R T E J I S E N I A
A E J A T O L I T L C P B Z N
B R Z T F U I I B Y S P Y G T N
L R E I Y S M E M O U U G U W
L Z V T B E I P P Y D M C O
P E F W Q L H B I S G Q V K T
```

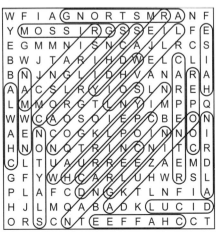
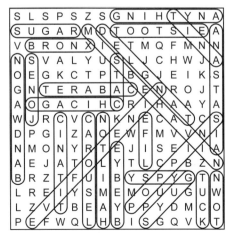

SOLUTIONS

37

```
H Y Z U O P I H G L E L J C O
E S C Z M A O N E S E D K J B
D K G A P N S N E D Q V N A F
M W W A M G E I A C E V T C Y
O S L H K V N T S X I T M E Q
N M T S A R I I C L E R L S C
S A R R K C H H I R A N D D A
T G O A F Q A L Y R U N O E R
O N W M T N E U R H A R D J R
N O T V G S P O E G E D F I A
B L E E S P F E T Z I P Z O G
O I K U E O K D M W R Z D D L E
O A R R M Z G C U O Y D D L L G
N C A N G E L O S J W Z E Y Y
E S M C E R O A N I L O R A C
```

38

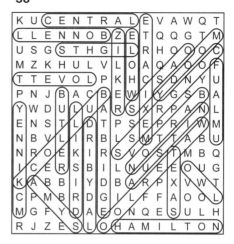

```
K U C E N T R A L E V A W Q T
L L E N N O B Z E T Q Q G T M
U S G S T H G I L R H O O O C
M Z K H U L V L O A Q A O O F
T T E V O L P K H C S D N Y U
P N J B A C B E W I Y G S B A
Y W D U L U A R S X R P A N L
E N S T L D T P S E P R I W M
N B V L I R B L S M T T A B U
N R O E K I R S V O S T M B Q
I C E A R S I L N U E E O U G
K A B B I Y D B A R P X V W T
C P M B R D G I L F F A O O L
M G F Y D A E O N Q E S U L H
R J Z E S L O H A M I L T O N
```

39

```
L C D I A A D E T A G L O C P
E I W A L M A R T Z C I G N A
T T S O K D W B K T Y Y P M B
T I H W C E A Z Y T J W B I S
A G Q S G K T M M E R A L U C
M R Q F E T N R R G N C I D D
D O J R E N A H M R T I B U C I H
H U S L O F P A Q A L R O P I H
T P W Z E M E R F T N E M O H
M E A T A B I P N O G M N N L
H M A S M F H E E N R A O T L E
A T S I M E R R I L L D X L E
S E J C V S H E A L T H X X O D
Y M A C Y S O Y E S P L E W I
Z V W C T B S Z E L P P A T W
```

40

```
S E L A D G N I M O O L B E A
D D L Y N A T T A H N A M P V
B A T T E R Y L I B E R T Y L
S B K B D K X R E S T N A I G
T E B C O N W H I T E W A Y A
E L A C X N Q S I D A M B U
E V W R J R E K Y A W B U S C
R E B Z J D C R O N H N Z L A
T D Y F W I T R Y H A R B Y R
S E S T N A B T W N R Q M I N
L R T K M B K J J M L R T C E
L E C M S E V E N T E E N G I
A W A S T A T E N O M C U I I
W N I M A S E M I T R S P O E
Y E A S T R I V E R P L A Z A
```

41

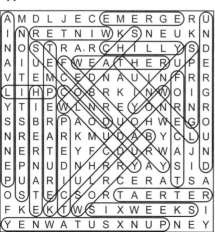

```
A M D L J E C E M E R G E R U
A I N R E T N I W K S N E U K N
N O S T R A R C H I L L Y S D
A I U E F W E A T H E R U P E
V T E M C E D N A U I N F R R
L I H P C O B R K N W O I G
Y T I E W L N R E Y O N R N
S S B R P A O D U Q H W E G O
N R E A R K M U D A B Y C L U
N E R T E Y F C O D U R W A J N
E P N U D N H R R Y A Y S I C
P U A R I U L R C E R A T S A
O S T E C S O R T A E R T E R
F K E K T W S I X W E E K S I
Y E N W A T U S X N U P N E Y
```

42

```
Q G N I Y R F P J K J E G S H
U Y E V C A L U M E T N B Y C A
I K C E P O C S E N F I Z C S S
N E L I M N E T L A O W V A S A
A E E M M I S S I K F Y E M A Y
P K I N C I V Z I I Z D R O A
O Y S T E R S Y O M F N M R A M
X A O A Q A O A J O O A I E Y
E E K A N S E L T T A R L Q P
T M A N O J R E B A T B L L A
Y E L L O W B A K K D Y I C S
F T M M A A C A L A P O O I A
N R L I Y E R E D W O P N U G
B Q N O N E S U C H N A S H H
S C U P P E R N O N G Q M D O
```

43

```
P N H M N N D S C R T V F O D
A Y A A N O S N H O J L L X O
C E E M U R E D F O R D P A M
I D V G F A T S A V Q F E O C
N Q L A Z F N Z K E B S D R Q
Q A P T N E O K U N N B E U E
S S N O W S D H D U A G A P E
S O R M I A O G R R O H D O E
E B A I W T Y C B L Y I I O N
V N Z C X S I N L E Q Q C C O
E E C X T F R E E M A N A A R
E C O O E L M U R M H N P S I
R F N O T A E K N O C D R R N
W A S H I N G T O N E N I B E
G E N R U B H S I F O I O Q D
```

44

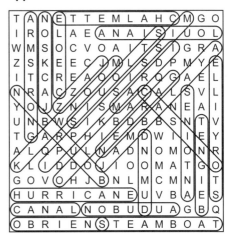

```
T A N E T T E M L A H C M G O
I R O L A E A N A I S U O L
W M S O C V O A I T S I G R A
I T C R E A O O I R Q G A E L
N R A C Z O U S A C A L S L I
Y O J Z N I S M A R A N E A I
U N B W S I K B D B B S N T V
T G A R P H I E M D W I E Y Y
A L Q P U L N A D N O M O N T
K L I D D O J I O O M A T G O
G O V O H J B N L M C M N O T
H U R R I C A N E U V B A E S
C A N A L N O B U D U A B Q
O B R I E N S T E A M B O A T
```

45

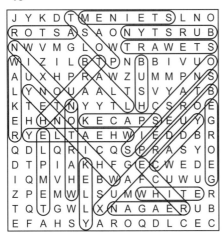

```
J Y K D T M E N I E T S L N O
R O T S A S A O N Y T S R U B
N W V M G L O W T R A W E T S
W I Z I L B T P N B B I V U O
A U X H P R A W Z U M M P N S
L Y N Q U A A L T S V Y A T B
K T E T N Y Y T L H C S R O E
E H H N O K E C A P S E U Y G
R Y E L T A E H W I E D D B R
Q D L Q R I C Q S P R A S Y O
D T P I A K H F G E C W E D E
I Q M V H E B W A F C U W U G
Z P E M W L S U M W H I T E R
T Q T G W L X N A G A E R U B
E F A H S Y A R O Q D L C E C
```

46

```
J C D N O T S R U H Y W Z B O
V H I D G M T C P I C O U L T
T I D W N J Z T Y R H C P E W
N I S B J M E E C K A W G H E
W T O K W J G O I R L V U I A
H O N A S Y E R R K L U T I T
A N R D L J D J E R N I V N L
R D H M L R C R A I I M M D E
T V F T E E A P C A S U I Y
O M I P W L T O D L K S O M Y
N I E T S D H B K N S S L N
O M V E Q C E E B E E Q O J L
E P L A T H R G M E R L I N P
M K Z F U O L E G N A U L W J
Z V K T S U O I L A T E M A A
```

47

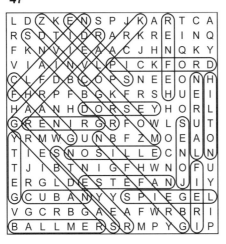

```
L D Z K E N S P J K A R T C A
R S D T I D R A R K R E I N Q
F K N V I E A A C J H N Q K Y
V I A I N V L P I C K F O R D
C L F D B C O P S N E E O N H
F H R P F B G K F R S H U E I
H A A N H D O R S E Y H O R L
G R E N I R G R F O W L S U T
Y R M W G U N B F Z M O E N O
T I E S N O S I L L E C N L N
T J I B T N I G F E W N O F U
E R G L D E S T E F A N J I Y
G C U B A N Y S P I E G E L
V G C R B G A E A F W R B R I
B A L L M E R S R M P Y G I P
```

48

```
V A C T B B Q R G Y E V E R T
V B P Z K H W O N R E L L I M
P I M A C Z I O I R T S C B U
P L H O T D L C M O Y D U N Y
I E L A R R L I E G H K V O K
K S Q J M G I C L V E R Q T R
I L L N C M A C F W A N N T N
M S N N O V M N K O N N O E U
H E A P K H S C K A K F S R Z
S A Y R H C A B M A W T H W K
U B M E U N A Y Z S M H Z P T
N L V I R A H B E L E S L I E
O A O U L S T N K E C Y Y G A
A I W D P L O S T R E E T T K
P R A K T J B V Y S R E K A M
```

SOLUTIONS

49

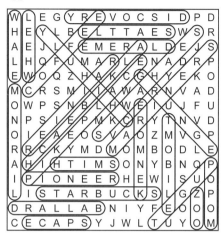

50

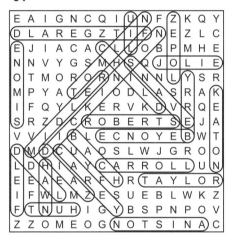

51

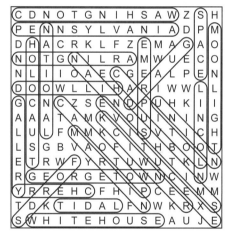

52

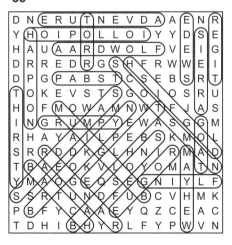

53

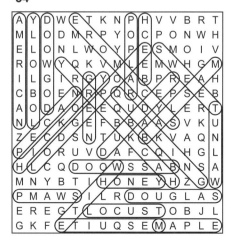

54

SOLUTIONS

55

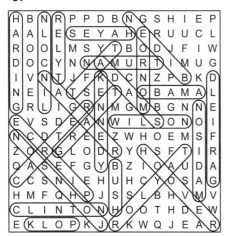

```
Y T U A E B T H G I L T O P S
Z B W D W Q R O R E P M E L H
N I S S O F F J T U G D R A C
S A E M I L E Z O L A R K T E
U T M G G L V Q R N L Q C O E
E G H D F G R E E N E P H O P
D C B E W W K V E S I N S
A L L W I L L A C D E P C J M
M T A G K L B D O V M B A V S
A Y S C H I N D L E R S G H P
D C M I V Y U O L P V B O M S
C N I D T K W O O E M B C W J
G F I R J R D C T M F U S P E
F D A M F Y A J Q J K K G V F
I I P A R A S I T E E T B W Q
```

56

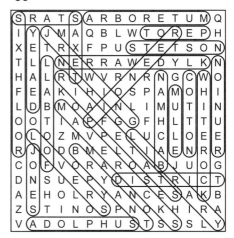

```
S R A T S A R B O R E T U M Q
I Y J M A Q B L W T O R E P H
X E T R X F P U S T E T S O N
T L N E R R A W E D Y L K N
H A L R T W V R N R N G C W O
F E A K I H I O S P A M O H I
L D B M O A N L I M U T I N U
O O T I A P F G G F H L T T E
R L O Z M V P E L U C L O E R
C O F V O R A R O A B J U O G
N S U E P Y D I S T R I C T
A E H O L R Y A N C E S A K B
Z S T I N O S P N O K H I R A
V A D O L P H U S T S S S L Y
```

57

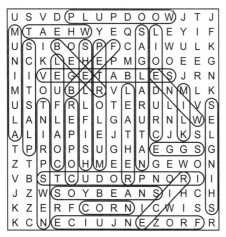

```
H B N R P P D B N G S H I E P
A A L E S E Y A H E R U U C L
R O O L M S Y T B O D J F I W
D O C Y N A M U R T I M U G
I N T J F K D C N Z P B K D
N E I A T S E T A O B A M A L
G R L I G R N M G M B G N N E
E V S D E A N W I L S O N O I
N C D T R E E Z W H O E M S F
Z O R G L O D R Y H S F T I R
Q A S E F G Y B Z I O A U D A
C C S N I E H U H C Y O S A G
H M F Q H P J S S L B H V M V
C L I N T O N H O O T H D E W
E K L O P K J R K W Q J E A R
```

58

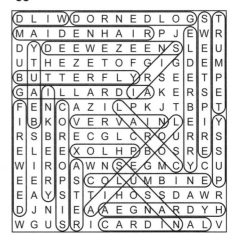

```
D L I W D O R N E D L O G S T
M A I D E N H A I R P J E W R
D Y D E E W E Z E E N S L E U
U T H E Z E T O F G I G D E M
B U T T E R F L Y R S E E T P
G A I L L A R D I A K E R S E
F E N C A Z I L P K J T B P T
I B K O V E R V A I N L E I Y
R S B R E C G L C R O U R R S
E L E E X O L H P B O S R E S
W I R O A W N S E G M C Y C U
E E R P S C O L U M B I N E P
A Y S T T I H O S S D A W R
D J N I E A A E G N A R D Y H
W G U S R I C A R D I N A L V
```

59

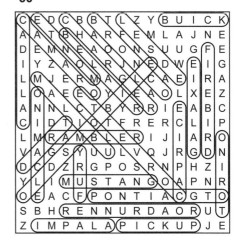

```
U S V D P L U P D O O W J T J
M T A E H W Y E Q S L E Y I F
U S I B O S P F C A I W U L K
N C K L E H E P M G O O E E G
I I V E G E T A B L E S J R N
M T O U B L R V L A D N M L K
U A N L E F L G A U R N L W E
L I A P I E J T T C J K S L
A T P R O P S U G H A E G G S
T Z T P C O H M E E N G E W O N
V B S T C U D O R P N O R I
J Z W S O Y B E A N S I H C
K Z E R F C O R N I C W I S S
K C N E C I U J N E Z O R F R
```

60

```
C E D C B B T L Z Y B U I C K
A A T B H A R F E M L A J N E
D E M N E A O O N S U U G F E
I Y Z A O I R J N E D W E I G
L M J E R M A G I C A E I R A
L O A F E O Y I E A O L X E Z
A N N L C T B X R R I E A B C
C I D T I O T F E R E R C L I P
L M R A M B L E R I J I A R O
V A G S Y U U L V Q J R Z N I
D C D Z R G P O S R N P H Z I
O E A C F P O N T I A C G T O
S B H R E N N U R D A O R U T
Z I M P A L A P I C K U P J E
```

120

SOLUTIONS

61

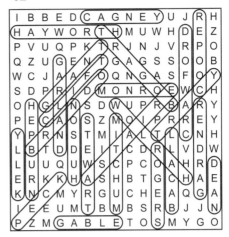

```
B S S M T D O O W N Y W A Y A B
L D G A I R R P N I T C D E B C
N W N E I W O D B C A S I K N C
T P I D L P I L C U E U R N A B
A R W E O G M E L R H Z O O R R
K N O C V L N Y K E V H L M I B
A C A P G T P U L C Y L F B C K
U V O V U N Q H J O U O E Z K L
M K J R A C I B I S C A Y N E L
J A I U D H O R H N C N E R L L
Q O N E I R D C E H G D F C L A
N K J T R O A N O E T E G A N N
E D I S Y A B H V N D P U G H C
C A L L E O C H O N U O T L C A
H B U E N A V I S T A T H Z A
```

62

```
I B B E D C A G N E Y U J R H
H A Y W O R T H M U W H D E Z O
P V U Q P K T R J N J V R P O B
Q Z U G E N T G A G S S R O O E
W C J A A F O Q N G A S S O C H
S D P R I D M O N R O E W C H
O H G L N S D W U P R B A R Y
P E C A O S Z M O I P R R E Y H
Y P R N S T M I A L T L C N H E
L B T D D E I T X D R L V D W A
L U U Q U W S C P C O A H R D N
E R K K H A S H T B G C H A E
K N C M Y R G U C H E A Q G A A
I E E U M T B M B S R B J J N
P Z M G A B L E T O S M Y G O
```

63

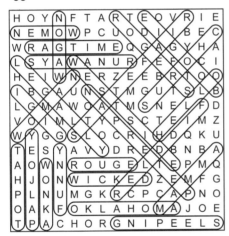

```
H O Y N F T A R T E O V R I E
N E M O W P C U O D I I B E C
W R A G T I M E Q G A G Y H A
L S Y A W A N U R F E F O C I
H E I W N E R Z E E B R T O O
I B G A U N S T M G U T S L B
L G M A W O A T M S N E L F D
V O I M L T Y P S C T E I M Z
W Y G G S L O C R I H D Q K U
T E S Y A V Y D R E D B N B A
A O W N R O U G E L T E P M Q
H J O N W I C K E D Z E M F G
P L A K N U M G K R C P C A P N O
O T P A C H O R G N I P E E L S
```

64

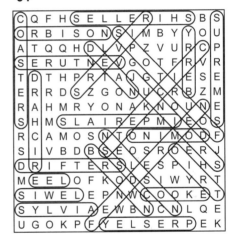

```
C Q F H S E L L E R I H S B S
O R B I S O N S I M B Y O U
A T Q Q H D L V P Z V U R C P
S E R U T N E V G O T F R E E
T D T H P R T A J G T I E S E
E R R D S Z G O N U C R B Z M
R A H M R Y O N A K N O U N E
S H M S L A I R E P M I E O S
R C A M O S N T O N I M O D F
S I V B D B S E O S R O E R J
D R I F T E R S L E S P I H S
M E E L O F K O D S I W Y R T
S I W E L E P N W C O O K E T
S Y L V I A E W B N C N L Q E
U G O K P F Y E L S E R P E K
```

65

```
K S K A E P N I W T U T O G B
D T U P E T E R U I S E D I G
R A R P F Z R E D Y H S L E A O
A A S Q U A R E J V P E Y N L
B E I T Q I J C A A G O T D E
M N V N S L A Q N L M R U S N
O I R N R B G D B L P A N E G
L F Y B L O W R E E A P G L G
N V N E R P F K A Y N H J C A
Q C W O V I K I D N I L K A T
D Z N W M R W B L W T E B R E
F O H I C H A Z A A U H G O J
H T H M A N R H E K C N G O I
B A R R D N A I S A E O S H E
U H F C A N N E R Y M R C L W
```

66

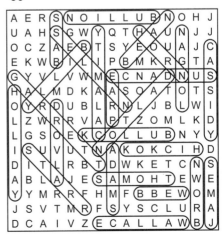

```
A E R S N O I L L U B N O H J
U A H S G W Y Q T H A U N J J
O C Z A E B T S Y E O U A J C A
E K W B I L I P B M K R G T A
G Y V L V W M E C N A D N U S
H A L M D K A S O A T O T S
O Y R D U B L R N L J B L W I
L Z W R R V A P T Z O M L K D
L G S O E K C O L L U B N Y Y
I S U V U T N A K O K C I H D
D I T L R B T D W K E T C N S
A B L A J E S A M O H T E W E
Y M R R F H M F B B E W O M A
J S V T M R F S Y S C L U R B
D C A I V Z E C A L L A W B J
```

SOLUTIONS

67

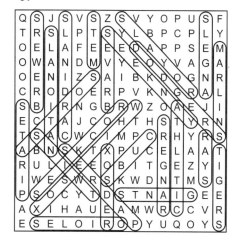

68

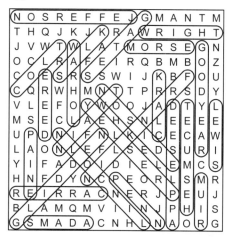

69

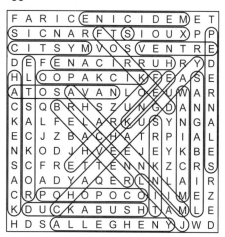

70

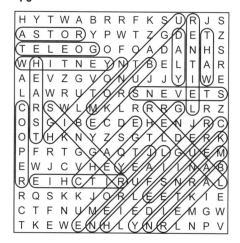

71

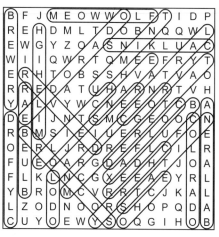

72

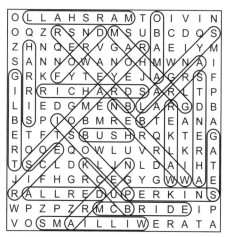

SOLUTIONS

73

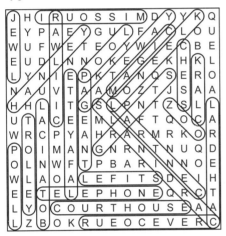

74

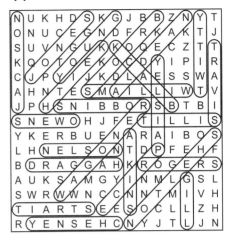

75

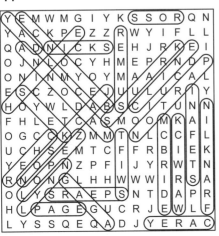

76

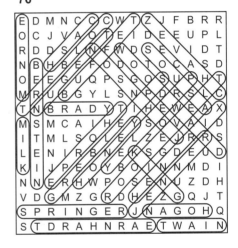

77

78

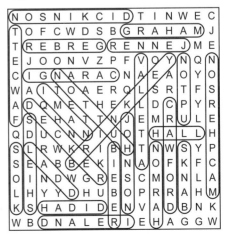

SOLUTIONS

79

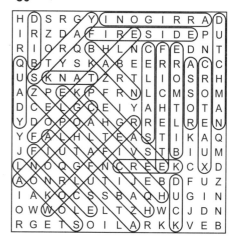

80

81

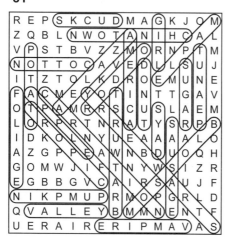

82

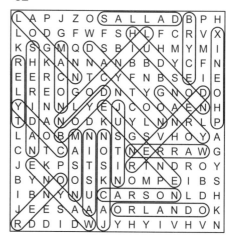

83

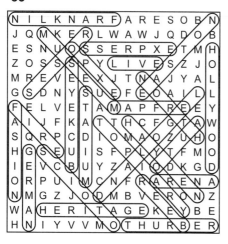

84

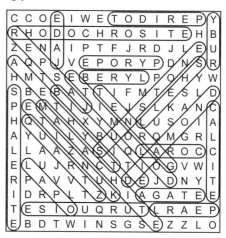

SOLUTIONS

85

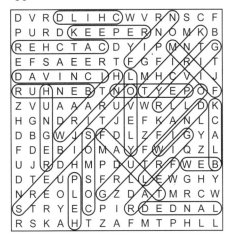

```
D V R D L I H C W V R N S C F
P U R D K E E P E R N O M K B
R E H C T A C D Y I P M N T G
E F S A E E R T F G F I R I T
D A V I N C I H L M H C V I J
R U H N E B T N O T Y E P O F
Z V U A A A R U V W R L L D K
H G N D R T J E F K A N L C A
D B G W J S F D L Z F I G Y A
F D E B I O M A Y F W I Q Z L
U J R D H M P D U T R F W E B
D T E U P S F R L L E W G H Y
N R E O L O G Z D A T M R C W
S T R Y E C P I R D E D N A L
R S K A H T Z A F M T P H L L
```

86

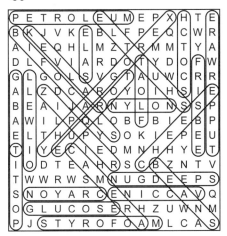

```
P E T R O L E U M E P X H T E
B K J V K E B L F P E Q C W R
A I E Q H L M Z T R M M T Y A
D L F V I A R D O T Y D O F W
G I G O L S V G T A U W C R R
A L Z D C A R O Y O I H S I E
B E A I J A R N Y L O N S S P
A W I L P O L O B F B I E B P
E L T H U P Y S O K I E P E U
T I Y E C I E D M N H H Y E T
I O D T E A H R S C B Z N T V
T W W R W S M N U G D E E P S
S N O Y A R C E N I C C A V Q
O G L U C O S E R H Z U W N M
P J S T Y R O F O A M L C A S
```

87

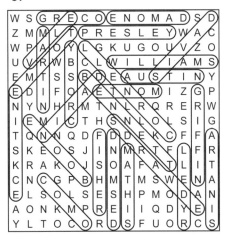

```
W S G R E C O E N O M A D S D
Z M M L T P R E S L E Y W A C
W P A O Y L G K U G O U V Z O
U V R W B C L W I L L I A M S
E M T S S B D E A U S T I N Y
E D I F O A E T N O M I Z G P
N Y N H R M T N L R Q R E R W
I E M I C T H S N L O L S I G
T Q N N Q D F D D E K C F F A
S K E O S J I N M R T F L F R
K R A K O J S O A F A T L I T
C N C G P B H M T M S W E N A
E L S O L S E S H P M O D A N
A O N K M P R E I I Q D Y E I
Y L T O C O R D S F U O R C S
```

88

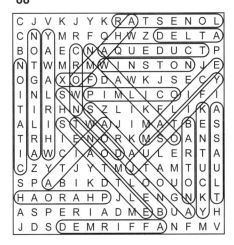

```
C J V K J Y K R A T S E N O L
C N Y M R F Q H W Z D E L T A
B O A E C N A Q U E D U C T P
N T W M R M W I N S T O N J E
O G A X O F D A W K J S E C Y
I N L S W P I M L I C O I F I
T A R H N S Z L I K E L I K A
A I S C W A J I M A T B E S S
L R H I E N O R K M S O A N A
I A W C I A O D A U L E R T U
C Z Y T J Y T M U T A M T U L
S P A B I K D T L O O U O C L
H A O R A H P J L E N G N K T
A S P E R I A D M E B U A Y H
J D S D E M R I F F A N F M V
```

89

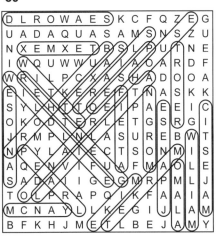

```
D L R O W A E S K C F Q Z E G
U A D A Q U A S A M S N S Z U
N X E M X E T B S L P U T N E
I W Q U W W U A I A O A R D F
W R I L P C X A S H A D O O A
E I E T K E R E F T N A S K K
S Y L H T T Q E I P A E E I C
O K O D T E R L E T G S R G I
J R M P L N L A S U R E B W T
N P Y L A E C T S O N M I S S
A Q E N F U A F M A O L E J A
S A D A I I G E G M R P M L J
T O L P R A P Q I K F A A I M
M C N A Y L L K E G I L Y A M
B F K H J M E T L B E J A M Y
```

90

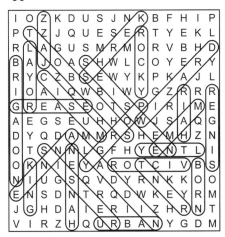

```
I O Z K D U S J N K B F H I P
P T Z J Q U E S E R T Y E K L
R L A G U S M R M O R V B H D
B A J O A S H W L C O Y E R Y
R Y C Z B S E W Y K P K A J L
I O A I Q W B I W Y G Z R R R
G R E A S E D O T S P I R I M E
A E G S E U H H O W J S A Q G
D Y Q D A M M R S H E M H Z N
O T S N N L G F H Y E N T L I
O K N E Y A R O T C I V B S
N I U G S Q V D Y R N K K O O
E N S D N T R Q D W K E Y R M
J G H D A I E R I I Z H R N T
V I R Z H Q U R B A N Y G D M
```

SOLUTIONS

91

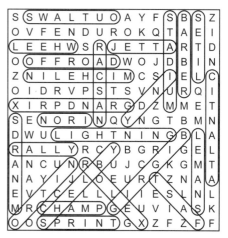

```
P I N N A C L E C O L M C W I
M E M O R M O N T O A V K A A
U Z U K H U P C S Z D L L H L
H E N O T S B M O T O Y H S P
W R I G L E Y V K T E D S S A
B Z A N O U M H I G C J N E P
C K I C E M O P A H U O A S A
N I S E I L A T A B S Q N O G
X R Q B V C I S U A C C O R O
I F E A T R E C E A G H Z L I
N L V D E C A S T L E S I E E
E W G H R N N O S S O R R M B
O O K A Y O M L K H H E A R D
H R Q O O I C J C H F L A M E
P B N T C H S K T R E S E D K
```

92

```
S S W A L T U O A Y F S B S Z
O V F E N D U R O K Q T A E I
L E E H W S R J E T T A R T D
O O F F R O A D W O J D B I N
Z N I L E H C I M C S I E L C
O I D R V P S T S V N U R Q I
X I R P D N A R G D Z M M E T
S E N O R I N Q Y N G T B M N
D W U L I G H T N I N G B L A
R A L L Y R C Y B G R I G E L
A N C U N R B U J C G K G M L
N A Y I J L O E F U R T Z N A
E V T C E L L I I E S L N A L
M R C H A M P G E U V I A S K
O O S P R I N T G X Z F Z F F
```

93

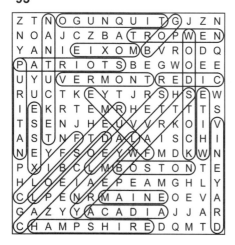

```
Z T N O G U N Q U I T G J Z N
N O A J C Z B A T R O P W E N
Y A N I E I X O M B V R O D Q
P A T R I O T S B E G W O E E
U Y U V E R M O N T R E D I C
R U C T K E Y T J R S H S E W
I T A E K R T E M R H E T T S
T A S N J H E U V R K O I H V
A N T F T D A L A I S C H I I
N E Y F S O E Y W F M D K W N
P X I B C L M B O S T O N T E
H L O E I A E P E A M G H L Y
C L P E N R M A I N E O E V A R
G A Z Y Y A C A D I A J J A R
C H A M P S H I R E D Q M T D
```

94

```
V A J G R E G N E L L A H C K
O S P E H N E L T T U H S Q T
G E H O E L A N D I N G K B O
Z L O V L R Z S T C U D A G G
K O E V B L J H A A N O A L R
M S N U P B O O S A R L A E I
K U I B H J U U V B I R K C N
E Q X F V O R S I L E A V P I
N Z F J T V A T E V B W C H M
N I A U E T E Q A T I R O S E
E U I Y U R M N K W O F H K G
D L O R E G A Y O V R K L Y N
Y R N G S C R E E N O I P L A T
E R O C S M E R C U R Y I A T
D I S C O V E R Y H U B Y B I
```

95

```
L S Q E E B O H C E E K O A N
B N O G Q N O T L A S C J I B
G O G N Q C U M B E R L A N D
I R A B I S H N Z Q A F L M V E
N U B G A A B S G T P P L I H N
A H E N K O T E N M M E L U O
S F N A A T R C A V J W L R T
W E N H K R Y H G O A O E R S
O R I J A A C Z I Z L P L O W
R I W V W V B P H A U B A I O
T O R J E I E Z C R A L C R L
H Z P A A S N W I K F M S E L
Y J R W T T D Y M S U H T P E
K K C O R N E L L I E R O U
D A E H E S O O M H A V A S U
```

96

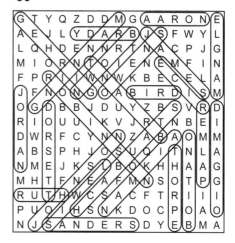

```
G T Y Q Z D D M G A A R O N E
A E J L Y D A R B J S F W Y L
L G H D E N N R T N A C P J G
M I O R N T O I E N E M F I N
F P R I I W N W K B E C E L A
J F N O N G O A B I R D I S M
O G D B J D U Y Z B S V R D
R I O U U K V J R T N B E I
D W R F C Y N N Z A B A O M A
A B S P H J O S U Q I T N L G
N M E J K S L B O K H A T A G
M H T F N E A F M N S O T O I
R U T H W C S A C F T R O P L
P U O I B H K D O C P I O A N
N J S A N D E R S D Y E B M A
```

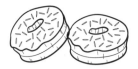

SOLUTIONS

97

98

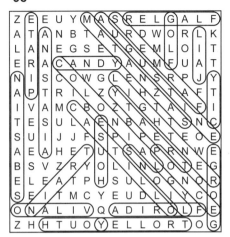

99

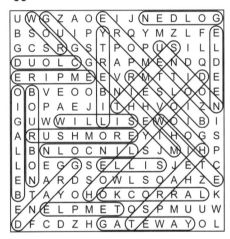

100

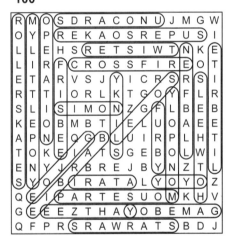

101

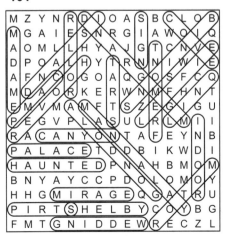

102

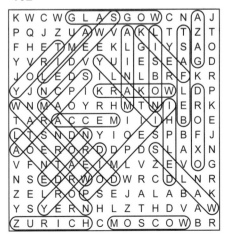

SOLUTIONS

103

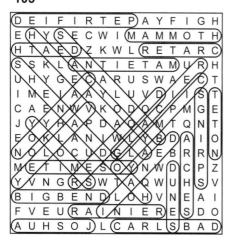

104

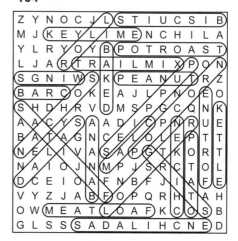

105